5년 만에 막 내린 촛불 민주주의

: 원인과 교훈

5년 만에 막 내린 촛불 민주주의

원인과 교훈

정한울 지음

정치연구총서 07

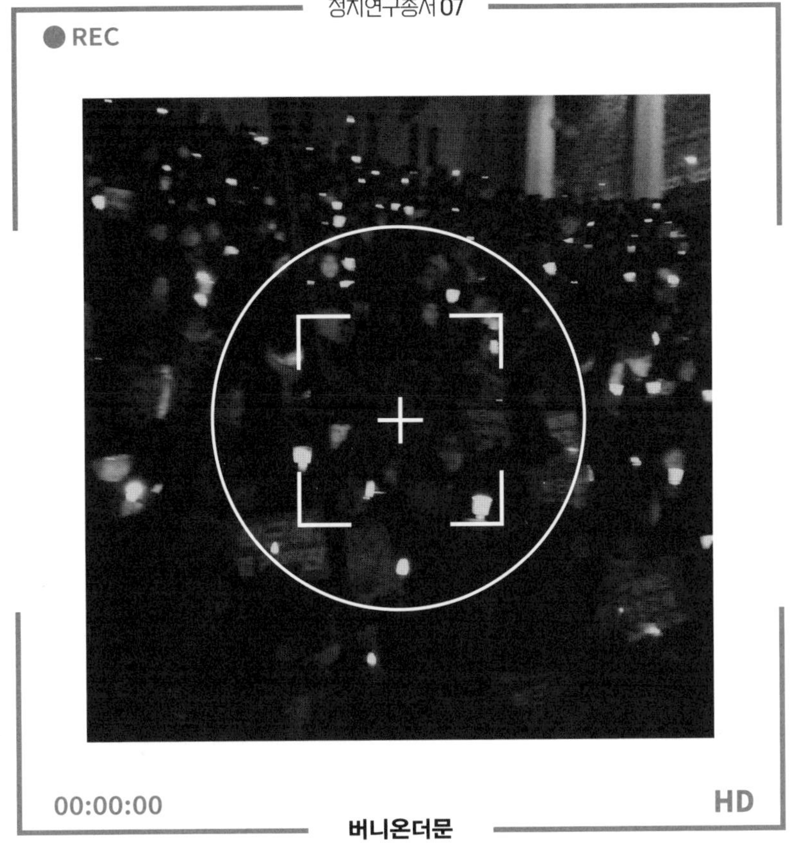

버니온더문

◆ 들어가는 말 ◆

이 책은 "촛불"이 가져온 촛불탄핵 연합의 힘으로 탄생한 "촛불정부"가 왜 5년 만에 "정권교체"를 당했는가 하는 질문에 대한 하나의 답을 제안하고자 한다. 2022년 5월, 대선에서의 윤석열 후보의 당선과 국민의힘으로의 정권교체(2021년 서울, 부산 보궐선거는 그 예고편이었다)는 예상치 못했던 돌발적 현상이 아니라 예고된 현실이었다고 주장한다.

촛불과 선거 민심은 탄핵, 남북정상회담, 코로나19 대응 등의 성과에 대한 포상이자, 안정적 국정 기반을 통해 안정적이고 통합적인 국정운영을 해달라는 것이었다. 문재인 정부와 더불어민주당은 2016~2017년의 촛불집회를 "촛불혁명"으로 정의하며 선거 승리를 적폐청산/검찰개혁과 같은 자의적인 '혁명과제' 추진에 대한 전폭적 위임으로 오해했다. 나아가 인사에서는 '국회 패싱'의 전례를 남겼고, 선거법 개정/공수처 신설 등 여야 간 합의가 중요한 의

제도 패스트트랙을 활용해 법안 통과를 강행하는 등 일방주의적 국정운영을 정당화했다.

촛불의 성격과 이후 한국 정치사회에 미친 영향에 대한 논의는 많지만, 정작 데이터들에 기반한 복기는 찾아보기 힘들다. 촛불 이후 5년은 민심과 동떨어진 정부의 정체성 설정과 자의적이고, 일방적인 국정운영이 얼마나 단기간에 큰 민심이반을 불러올 수 있는 지 귀중한 교훈을 던져준다. 이 책은 촛불 이후 문재인 정부 5년의 여론 변화를 복기하지만, 그 교훈은 비단 문재인 정부와 더불어민주당에 한정되지 않는다. 정권교체에 성공한 윤석열 대통령과 국민의힘 정부 시기에도 바로 적용할 수 있는 반면교사의 지침이 될 것으로 믿는다.

2024년

정한울

정치연구총서 07

CONTENTS

4장 문재인 정부의 실패를 부른 두 가지 오해: 촛불혁명과 선거민심에 대한 오해

5장 촛불 민주주의 조기종영이 남긴 교훈

정치연구총서 07

1장
한국사람들이 원한 촛불 민주주의는 무엇이었나

*

이 책은 촛불참여의 힘으로 탄생한 '촛불정부'가 왜 5년 만에 정권교체로 끝이 나며 단막극으로 끝났는가라는 질문에 대한 하나의 답을 제시한다. 고공행진을 기록하던 문재인 대통령의 지지율이 급락하고 더불어민주당 정권이 정권심판론의 대상으로 전락해 급기야 2022년 대선에서 국민의힘에 정권을 빼앗기게 되었다. 그동안 조국 장관 임명이나 추미애-윤석열 갈등 등 적폐청산, 검찰개혁을 둘러싼 이슈, 소득주도성장 정책의 실패, 조국 장관 이슈, 부동산 정책의 실패, 무리한 검찰개혁 추진, 민생 경제 문제의 경시 등이 문재인 정부에 대한 '정권심판론'을 점화시킨 다양한 요인들로 지적되어왔지만, 필자는 문재인 정부의 주로 의제 프라이밍(priming) 전략의 오류가 결정적이었다고 판단한다. 즉 촛불탄핵을 거치면서 형성된 소위 '탄핵유권자' 지지연합은 문재인 대통령의 지지기반을 확장하고, 더불어민주당의 지지기반을 강화해 압도적 우위를 유지시킨 힘이었다. 그런데 촛불의 완성을 목표로 내건 "적폐청산/검찰개혁" 우선의 국정운영에 동의하지 않는 유권자와 더불어민주당 지지층들이 지지를 철회하면서 '탄핵유권자 지지연합'의 분열과 해체를 가져온 결정적인 요인이었다고 본다(정한울

2022a; 2022b). 문재인 정부가 이들 의제에 집착하며 지지층의 분열과 이탈을 지켜보게 된 것은 문재인 정부의 '촛불혁명'에 대한 잘못된 이해와 오판에 근거했던 것이 근원이라는 것이 이 책이 시종일관 주장하려는 바다.

이러한 주장이 설득력을 가지려면 문재인 정부와 더불어민주당 정권이 촛불을 어떻게 이해하고 있었기에 '적폐청산/검찰개혁' 등 이념적 쟁점에 우선순위를 두게 되었는지, 실제로 그렇게 반영되었는지, 또 그러한 정책추진이 실제 지지층의 분열과 지지 철회로 이어졌는지 실증적으로 검증할 필요가 있다.

2022년 대선에서 5년 만의 정권교체가 충격적이었던 이유?

이 질문이 흥미롭고 중요한 이유는 2022년 전까지 세 차례의 전국 선거에서 압도적으로 더불어민주당이 승리했고, 더불어민주당 내에서 '20년 집권론'이 제기될 정도로 유권자 지형이 더불어민주당에 유리했기 때문이다. 따라서 이는 더욱 관심이 가고, 선거캠페인 차원에서 매우 흥미로운 사례가 된다. 또한 기존의 '10년 주기 정권교체론'이라는 경험칙마저 깨는 사례이기도 하다. 이 현상을 이해하기 위해서는 '촛불-탄핵'과정에서 형성된 '탄핵 유권자 정당지지연합(partisan coalition)'에 대한 이해가 필요하다. 문재인 정부의 '적폐청산/검찰해결' 중심의 국정운영은 더불어민주당 우위의 다수연합인 '탄핵정치연합' 내의 연합의 고리에 균열을 만들고, 지지를 철회하게 해서 광범위한 '이탈민주'층을 만들어낸 핵심요인으로 작용했다. 그렇다면 문재인 정부가 왜 '적폐청산/검찰개혁' 의제에 집착했는지를 이해하기 위해서는 문재인 정부의 '촛불관'과 '촛불정부'라는 자기 규정을 이해할 필요가 있다. 촛불참여 시민들과 문재인 정부의 인식 간의 갭이 촛불정부의 국정 의제 설정단계에서 다수 시민들의 반발과 불안감을 유발할 수밖에 없었고, 정부와 여당에 대한 강한 '불통감'을 심화시켜, 지지 이탈로 이어졌다고 할 수 있다. 우선 문재인 정부는 '촛불혁명', '촛불 민주주의'라고 칭하며 '촛불민심'을 신성불가침의 가치로 상정했다.

정치연구총서 07

2장
촛불 민주주의의 등장과 해체
: 문재인 정부와 더불어민주당의 촛불관

*

박근혜 대통령 퇴진을 초래한 촛불시위는 시민참여 역사를 새로 쓰며, 대한민국 대통령이 탄핵 되는 장면을 연출했다. 2016년 10월 29일 3만 명의 참여로 시작한 촛불시위는 2016년 12월 8일 국회에서의 탄핵가결, 2017년 3월 헌법재판소의 탄핵인용 결정, 2017년 5월 조기대선과 정권교체과정을 이끈 원동력이었다. 2017년 4월 29일 23차 시위로 마감할 때까지 매주 광화문과 전국 각지에서 연인원 1,685만 명(주최 측 추산)이 참여했다. 헌정 질서를 수호해야 할 대통령 본인의 국정농단과 헌정 유린에 대해 책임을 묻고 민주적 정치과정을 복원하는 힘이었다.

촛불은 한국 정치의 큰 변동을 가져왔다. 촛불참여의 성격을 두고 한편에서는 "촛불참여"를 촛불혁명으로 칭하며 '혁명'이라는 표현에 걸맞게 기존 제도에 대한 전복에 가까운 '사회 대개혁'으로 완성되어야 한다는 '혁명파'적 해석과 촛불참여는 '박근혜 탄핵'이라는 헌정사상 유례없는 헌정유린 사건에 직면해 제도를 통해 사건의 원인을 규명하고 예고된 대선과 차기 정부 구성일정을 정상화하는 '제도정상화'를 이끈 '호헌'적 성격의 운동이었다라는 평가가 대립하고 있다.

전자의 관점에서 해석하는 집단은 문재인 정부가 촛불과정에서 분출된 '적폐청산/검찰개혁' 같은 혁명적 의제 중심으로 국정을 운영해야 한다고 본 반면, 후자의 입장을 가진 집단은 시민들의 관심과 참여가 촛불 정국이 끝나고 대선 국면으로 이전하면서 '혁명적 의제'보다는 오히려 '통합과 안정'을 이루는 방향으로 문재인 정부의 국정운영의 중심을 이동했어야 했다고 본다. 그렇지 않고 지속해서 '적폐청산/검찰개혁'의제에 집착하면서 시민들이 중시하는 '민생/경제'를 간과하고 소위 '경포대(경제를 포기한 대통령)'라는 비판 여론을 광범위하게 불러일으켜 2020년 총선에서 180석 압승을 거두고 불과 2년 만에 치러진 대선에서 '정권심판'의 대상으로 전락했다는 평가로 이어진다.

촛불의 성격 논쟁: 시민들은 언제 왜 촛불에 참여했나, 촛불혁명?

첫째, 촛불시위는 이명박-박근혜 정부를 거치면서 형성된 보수정당 우위의 정당지지연합 구도를 일거에 더불어민주당 우위의 "탄핵유권자연합"구도로 역전 시켰다. 〈그림 1〉의 2013년부터 시작된 갤럽의 정당지지율 분포를 보면, 2013년부터 2016년 이전까지 당시 새누리당은 40% 전후의 정당지지율을 기록하며 20% 초·중반대의 더불어민주당 지지율을 넉넉하게 앞서는 구도였다. 보수정당 지지율을 언론과 정당에서는 "콘크리트 보수층"으로 표현했고, 선거구도는 늘 "보수로 기울어진 운동장론"으로 귀결되곤 했다. 그러나 촛불의 여세로 2016년 12월 이후 조사에서 더불어민주당 지지율은 30% 대로 진입했고, 2017년에 들어와 40~50% 지지율을 기록했고, 보수정당은 자유한국당과 바른정당으로 쪼개지며 더불어민주당의 압도적인 우위 구도가 형성되었다. 이른바 "탄핵 유권자연합"을 만들어냈다(정한울 2020).

〈그림 1〉 유권자 정당지지연합의 재편: 2013~2019년 정당 지지율 변화 (%)

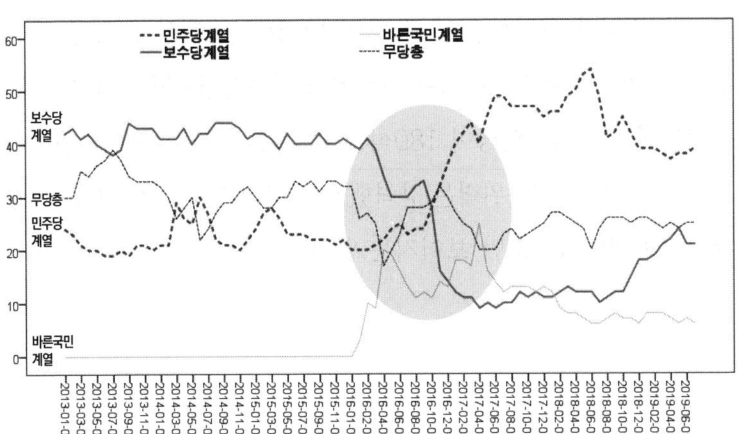

자료: 한국갤럽리포트 월별통합자료(2013. 1~2019. 6)

둘째, 시민혁명으로까지 추앙받던 촛불시위의 위력은 2017년 19대 대통령 선거, 2018년 제7회 지방선거, 2020년 제21대 국회의원 선거에서 "더불어민주당의 압승과 20년 집권론"의 꿈으로 이어졌다. 문 대통령과 더불어민주당은 19대 대선과정에서 '촛불혁명을 4·19 혁명, 5·18 광주항쟁, 6·10 항쟁의 역사를 잇는 '제4차 민주혁명'으로 정의하며, 민주당 정권을 시민혁명 정부로 포지셔닝하는 캠페인을 내세웠다. 대선과정에서 이미 여야 후보들의 핵심 캠페인 키워드로 다루어졌고, 나아가 더불어민주당 후보들은 선거를 통한 "정권교체"가 "촛불혁명의 완수"라고 주장했다. 〈그림 2〉의 10대 중앙일간지와 방송 3사의 언론기사를 보면, 2020년까지는 "더불어민주당"발(發) "촛불혁명" 담론은 선거 시기 전후로 꾸준히 확산했음이 확인된다. 촛불혁명론의 위세는 선거 승리로 연결되었다. 2018년 17개 광역단체장 선거에서 14개를 민주당 후보가 승리하고, 2020년 총선에서 더불어민주당과 여권의 위성정당인 더불어시민당이 180석을 얻었다. 더불어민주당 우위의 "탄핵유권자연합"의 위력은 강력했고, 더불어민주당의 '20년 집권론'이 허황된 꿈으로만 보이지는 않았다(Kang and Jeong 2019; 정한울 · 강우창 2017; 정한울 2022a).[1)]

〈그림 2〉 빅카인즈 키워드 결과: 더불어민주당의 촛불혁명 담론 활용

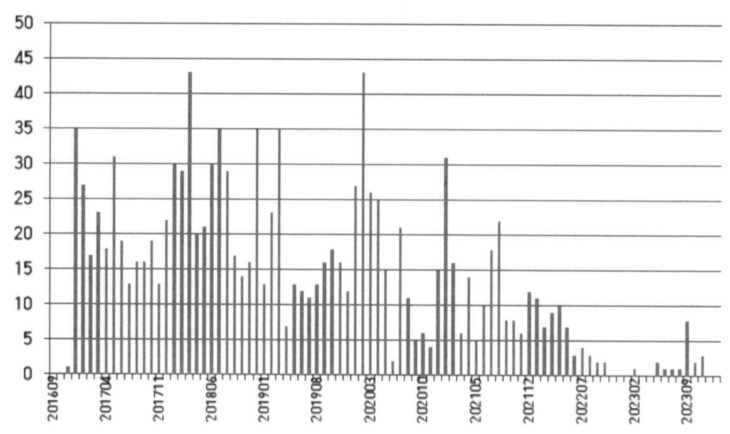

출처: 빅카인즈(https://www.bigkinds.or.kr/v2/news/search.do)
검색어 "촛불혁명 & 더불어민주당" (10대 중앙일간지 & 방송사, 2016. 9. 1~2024. 1. 30)

셋째, 집권에 성공한 문재인 정부는 소위 "촛불 민주주의" 및 "촛불혁명의 완수"를 국정 철학과 목표로 내세워 "촛불"은 이제 문재인 정부의 국정 방향을 결정하고 정당화하는 기제로 작동하게 되었다. 2017년 5월, 대통령 취임에 맞춰 발표한 "문재인 정부 100대 국정과제"를 보면, 문재인 정부는 "국민이 주인인 정부", "더불어 잘사는 경제", "내 삶을 책임지는 국가", "고르게 발전하는 지역", "평화와 번영의 한반도" 구축을 5대 국정목표로 내세우고, "국민주권의 촛불 민주주의 실현"을 제1의 전략과제로 제시했다. 이를 실현하기 위한 구체적인 방법론으로 "국정농단세력의 인사·예산 등의 사유화로 심각하게 훼손된 공적가치와 공공성 복원", "촛불시민혁명의 에너지를 흡수해 국가 발전의 원동력으로 승화", "촛불민심 등 시대정신에 부합하는 개헌, 정치선거제도 개혁의 추진" 등을 핵심 국정 과제로 내세워 "촛불"은 이제 거리의 정치를 상징하는 용어가 아닌, 문재인 정부의 국정 방향과 성격을 규정하는 키워드로 자리 잡은 셈이다.

1) 민주당 내부에서 '20년 장기 집권론'의 장밋빛 전망이 나온 것이 그즈음이었다. 2018~2020년 총선까지의 높은 국정 지지율, 15~20%p, 격차를 보이던 여야 간 정당 지지율 차이와 더불어민주당 지지 기반의 확대를 고려할 때 충분히 개연성 있는 전망으로 받아들여졌다(정한울 2022a, 245). "21대 총선, 민주당 180석…'촛불 개혁 새 시대 열렸다'"(서울의 소리 2020/04/16); "[이해찬 독점 인터뷰 1] 나는 왜 20년 집권을 말했나"(시사인 2020/09/14), "이해찬 '20년 집권플랜' 제시, 핵심은 역시 경제"(중앙일보 2018/09/04); "이해찬 '20년 집권도 짧아…더 할 수 있으면 해야"(연합뉴스 2019/01/16)

촛불의 유산: 촛불민의로 정당화된 100대 국정과제

아이러니하게도 더불어민주당의 20년 집권을 꿈꾸게 한 에너지인 "촛불혁명"의 신화는 촛불정부를 표방한 문재인 민주당 정부가 5년 단막극으로 끝난 핵심 원인으로 작용했다. 무엇보다 2017년 대선을 앞두고 탄핵을 이끌었던 더불어민주당과 소속 정치인들은 시민혁명(문재인)", "국민명예혁명(박원순)", "건국명예혁명(이재명)", "촛불혁명(김부겸)" 등 표현은 달라도 "혁명"으로 성격 규정하는 경향이 강했다. 반면, 탄핵에 힘을 실었지만, 새누리당 출신 대선주자들은 대체로 "혁명"이라는 표현 대신 "국민의 명령(안철수)", "위대한 국민의 승리(남경필)", "새누리당에 대한 탄핵(원희룡)" 등으로 표현했고, 유승민 후보 정도만 "헌법 질서 내에서"라는 단서를 붙여 "정치혁명"이라는 표현을 썼다. 앞서 〈그림 2〉에서 본 것처럼 '촛불'을 혁명으로 신화화하는 경향은 시간이 갈수록 약화된 것은 사실이나 더불어민주당을 중심으로 2020년 총선 전후까지 지속되었던 것으로 보인다.

〈표 1〉 2016년 12월 9일 국회탄핵가결에 대한 주요 대선 주자들의 논평

- 문재인 "오늘 국회의 대통령 탄핵 의결은 명예로운 시민혁명"
- 박원순 "2016년 12월 9일 국민 명예혁명의 빛나는 역사"
- 이재명 "친일·독재 종언, 건국 명예혁명을 향한 국민의 승리"
- 김부겸 "촛불혁명을 완성하기 위한 선언, 촛불 권리장전 만들자"
- 유승민 "헌법 질서에서 정치혁명"
- 안철수 "대통령에게 위임한 권력을 돌려달라고 명령, 부패 기득권과의 싸움 시작"
- 남경필 "위대한 국민의 승리이자 민주주의와 법치의 승리"
- 원희룡 "국민이 새누리당을 탄핵한 것"

평가의 내용을 보면 '아래로부터의 힘(무력/폭력)'에 의한 '기존의 권력이나 조직구조의 전복이나 질적으로 새로운 체제로의 급진적 전환'을 의미하는 사전적 의미의 '혁명'으로 촛불의 성격을 규정한 것은 아니다. 그러나 일상적인 정치과정이 아닌 '촛불혁명 정부'라는 정체성의 규정이 특정 세력이나 행위자가 자신의 정당성과 국정의 방향에 미치는 영향은 간단치 않다. 정체성의 설정은 철학과 가치 그리고 심리적/행동 정향(orientation)을 만들어내기 마련이다. 특히 "정권교체를 통해 촛불혁명, 시민혁명 완성해야 한다"라고 주장하며 대통령에 당선된 문재인 대통령과 더불어민주당은 이후

대통령 취임사, 신년사, 새해 기자회견 등에서 문재인 정부는 “촛불시민혁명으로 탄생한 정부”라고 정부의 정체성을 규정했다. 취임 2년 차에는 “20개월 동안 오직 촛불민심만 생각”했다고 피력했고(2019년 1월 25일), 총선을 앞둔 2020년 새해 기자회견에서는 “우리 정부의 소명은 그냥 촛불정신이 정해주었다고 생각한다. 좀 공정하고 정의로운 나라다운 나라를 만들자는 것이고, 한편으로 더 혁신적이고 포용적이고 공정한 경제를 만들어내자는 것이며, 또 한편으로는 남북 간에도 이제는 대결의 시대를 끝내고 평화시대를 만들자는 것이었다”. 이러한 ‘촛불혁명’을 실현하는 도구로서의 ‘촛불정부’라는 자기 규정은 문재인 정부 5년의 구체적인 국정과제로까지 이어졌고 ‘촛불혁명’이라는 정의가 단순한 상징적 예찬에 그치지 않음을 시사했다.

〈표 2〉는 문재인 정부가 취임 당선 직후 2개월의 시간 동안 문재인 정부와 민주당이 집권기간 힘주어 추진할 국정 5개년 계획 및 100대 국정과제를 정리한 표다. 여기에 포함한 정치적, 정책적 의제들은 이미 2017년 촛불과 대선과정에서 촛불시민혁명의 완수를 위한 국정과제로써 설정한 과제였다. 우선, 문재인 대통령 국정지지율 및 더불어민주당 지지율 하락의 주요 요인으로 지목되는 “적폐청산/검찰개혁” 의제, 여야 간 해머 충돌을 유발한 “연동형 비례제 도입”을 위한 패스트트랙, 사회경제적 영역에서도 “소득주도성장”과 “포용적 혁신국가”를 실현하기 위해 추진된 ‘최저임금제’, ‘52시간 근로제’ 도입 및 ‘문재인 케어’, ‘포용적 복지제도’ 등

〈표 2〉 문재인 정부 100대 국정과제(2017. 7)

목표	전략	국정과제 (주관부처)
국민이 주인인 정부 (15개)	■ 전략 1 : 국민주권의 촛불 민주주의 실현	
	1	적폐의 철저하고 완전한 청산 (법무부)
	2	반부패 개혁으로 청렴한국 실현 (권익위·법무부)
	3	국민 눈높이에 맞는 과거사 문제 해결 (행자부)
	4	표현의 자유와 언론의 독립성 신장 (방통위)
	■ 전략 2 : 소통으로 통합하는 광화문 대통령	
	5	365일 국민과 소통하는 광화문 대통령 (행자부)
	6	국민 인권을 우선하는 민주주의 회복과 강화 (법무부·행자부·인권위)
	7	국민주권적 개헌 및 국민참여 정치개혁 (국조실)
	■ 전략 3 : 투명하고 유능한 정부	
	8	열린 혁신 정부, 서비스하는 행정 (행자부)
	9	적재적소, 공정한 인사로 신뢰받는 공직사회 구현 (인사처)
	10	해외 체류 국민 보호 강화 및 재외동포 지원 확대 (외교부)
	11	국가를 위한 헌신을 잊지 않고 보답하는 나라 (보훈처)
	12	사회적 가치 실현을 선도하는 공공기관 (기재부)
	■ 전략 4 : 권력기관의 민주적 개혁	
	13	국민의, 국민을 위한 권력기관 개혁 (법무부·경찰청·감사원·국정원)
	14	민생치안 역량 강화 및 사회적 약자 보호 (경찰청)
	15	과세형평 제고 및 납세자 친화적 세무행정 구축 (기재부)
더불어 잘사는 경제 (26개)	■ 전략 1 : 소득 주도 성장을 위한 일자리경제	
	16	국민의 눈높이에 맞는 좋은 일자리 창출 (고용부)
	17	사회서비스 공공인프라 구축과 일자리 확충 (복지부)
	18	성별·연령별 맞춤형 일자리 지원 강화 (고용부)
	19	실직과 은퇴에 대비하는 일자리 안전망 강화 (고용부)
	20	좋은 일자리 창출을 위한 서비스 산업 혁신 (기재부)
	21	소득 주도 성장을 위한 가계부채 위험 해소 (금융위)
	22	금융산업 구조 선진화 (금융위)
	■ 전략 2 : 활력이 넘치는 공정경제	
	23	공정한 시장질서 확립 (공정위)
	24	재벌 총수 일가 전횡 방지 및 소유·지배구조 개선 (공정위)
	25	공정거래 감시 역량 및 소비자 피해 구제 강화 (공정위)
	26	사회적경제 활성화 (기재부)
	27	더불어 발전하는 대·중소기업 상생 협력 (중기청)
	■ 전략 3 : 서민과 중산층을 위한 민생경제	
	28	소상공인·자영업자 역량 강화 (중기청)
	29	서민 재산형성 및 금융지원 강화 (금융위)
	30	민생과 혁신을 위한 규제 재설계 (국조실)
	31	교통·통신비 절감으로 국민 생활비 경감 (국토부·미래부)
	32	국가기간교통망 공공성 강화 및 국토교통산업 경쟁력 강화 (국토부)
	■ 전략 4 : 과학기술 발전이 선도하는 4차 산업혁명	
	33	소프트웨어 강국, ICT 르네상스로 4차 산업혁명 선도 기반 구축 (미래부)
	34	고부가가치 창출 미래형 신산업 발굴·육성 (산업부·미래부·국토부)
	35	자율과 책임의 과학기술 혁신 생태계 조성 (미래부)
	36	청년과학자와 기초연구 지원으로 과학기술 미래역량 확충 (미래부)
	37	친환경 미래 에너지 발굴·육성 (산업부)
	38	주력산업 경쟁력 제고로 산업경제의 활력 회복 (산업부)
	■ 전략 5 : 중소벤처가 주도하는 창업과 혁신성장	
	39	혁신을 응원하는 창업국가 조성 (중기청)
	40	중소기업의 튼튼한 성장 환경 구축 (중기청)
	41	대·중소기업 임금 격차 축소 등을 통한 중소기업 인력난 해소 (중기청)
내 삶을 책임지는 국가 (32개)	■ 전략 1 : 모두가 누리는 포용적 복지국가	
	42	국민의 기본생활을 보장하는 맞춤형 사회보장 (복지부)
	43	고령사회 대비, 건강하고 품위 있는 노후생활 보장 (복지부)
	44	건강보험 보장성 강화 및 예방 중심 건강관리 지원 (복지부)
	45	의료공공성 확보 및 환자 중심 의료서비스 제공 (복지부)
	46	서민이 안심하고 사는 주거 환경 조성 (국토부)
	47	청년과 신혼부부 주거 부담 경감 (국토부)
	■ 전략 2 : 국가가 책임지는 보육과 교육	
	48	미래세대 투자를 통한 저출산 극복 (복지부)
	49	유아에서 대학까지 교육의 공공성 강화 (교육부)
내 삶을 책임지는 국가	50	교실혁명을 통한 공교육 혁신 (교육부)
	51	교육의 희망사다리 복원 (교육부)
	52	고등교육의 질 제고 및 평생·직업교육 혁신 (교육부)
	53	아동·청소년의 안전하고 건강한 성장 지원 (여가부)
	54	미래 교육 환경 조성 및 안전한 학교 구현 (교육부)
	■ 전략 3 : 국민안전과 생명을 지키는 안심사회	
	55	안전사고 예방 및 재난 안전관리의 국가책임체제 구축 (안전처)
	56	통합적 재난관리체계 구축 및 현장 즉시대응 역량 강화 (안전처)
	57	국민 건강을 지키는 생활안전 강화 (환경부·식약처)
	58	미세먼지 걱정 없는 쾌적한 대기환경 조성 (환경부)
	59	지속가능한 국토환경 조성 (환경부)
	60	탈원전 정책으로 안전하고 깨끗한 에너지로 전환 (산업부·원안위)
	61	신기후체제에 대한 견실한 이행체계 구축 (환경부)
	62	해양영토 수호와 해양안전 강화 (해수부)
	■ 전략 4 : 노동존중·성평등을 포함한 차별없는 공정사회	
	63	노동존중 사회 실현 (고용부)
	64	차별 없는 좋은 일터 만들기 (고용부)
	65	다양한 가족의 안정적인 삶 지원 및 사회적 차별 해소 (여가부)
	66	실질적 성평등 사회 실현 (여가부)
	■ 전략 5 : 자유와 창의가 넘치는 문화국가	
	67	지역과 일상에서 문화를 누리는 생활문화 시대 (문체부)
	68	창작 환경 개선과 복지 강화로 예술인의 창작권 보장 (문체부)
	69	공정한 문화산업 생태계 조성 및 세계 속 한류 확산 (문체부)
	70	미디어의 건강한 발전 (방통위)
	71	휴식 있는 삶을 위한 일·생활의 균형 실현 (고용부)
	72	모든 국민이 스포츠를 즐기는 활기찬 나라 (문체부)
	73	관광복지 확대와 관광산업 활성화 (문체부)
고르게 발전하는 지역 (11개)	■ 전략 1 : 풀뿌리 민주주의를 실현하는 자치분권	
	74	획기적인 자치분권 추진과 주민 참여의 실질화 (행자부)
	75	지방재정 자립을 위한 강력한 재정분권 (행자부·기재부)
	76	교육 민주주의 회복 및 교육자치 강화 (교육부)
	77	세종특별시 및 제주특별자치도 분권모델의 완성 (행자부)
	■ 전략 2 : 골고루 잘사는 균형발전	
	78	전 지역이 고르게 잘사는 국가균형발전 (산업부·국토부·행자부)
	79	도시경쟁력 강화 및 삶의 질 개선을 위한 도시재생뉴딜 추진 (국토부)
	80	해운·조선 상생을 통한 해운강국 건설 (해수부)
	■ 전략 3 : 사람이 돌아오는 농산어촌	
	81	누구나 살고 싶은 복지 농산어촌 조성 (농식품부)
	82	농어업인 소득안전망의 촘촘한 확충 (농식품부)
	83	지속가능한 농식품 산업 기반 조성 (농식품부)
	84	깨끗한 바다, 풍요로운 어장 (해수부)
평화와 번영의 한반도 (16개)	■ 전략 1 : 강한 안보와 책임국방	
	85	북핵 등 비대칭 위협 대응능력 강화 (국방부)
	86	굳건한 한미동맹 기반 위에 전작권 조기 전환 (국방부)
	87	국방개혁 및 국방 문민화의 강력한 추진 (국방부)
	88	방산비리 척결과 4차 산업혁명시대에 걸맞은 방위산업 육성 (국방부)
	89	장병 인권 보장 및 복무 여건의 획기적 개선 (국방부)
	■ 전략 2 : 남북 간 화해협력과 한반도 비핵화	
	90	한반도 신경제지도 구상 및 경제통일 구현 (통일부)
	91	남북기본협정 체결 및 남북관계 재정립 (통일부)
	92	북한인권 개선과 이산가족 등 인도적 문제 해결 (통일부)
	93	남북교류 활성화를 통한 남북관계 발전 (통일부)
	94	통일 공감대 확산과 통일국민협약 추진 (통일부)
	95	북핵문제의 평화적 해결 및 평화체제 구축 (외교부)
	■ 전략 3 : 국제협력을 주도하는 당당한 외교	
	96	국민외교 및 공공외교를 통한 국익 증진 (외교부)
	97	주변 4국과의 당당한 협력외교 추진 (외교부)
	98	동북아플러스 책임공동체 형성 (외교부)
	99	국익을 증진하는 경제외교 및 개발협력 강화 (외교부)
	100	보호무역주의 대응 및 전략적 경제협력 강화 (산업부)

출처: "문재인 정부 국정운영 5개년 계획 및 100대 국정과제" (대한민국 정책브리핑) (검색일 2024/01/28)

을 촛불 완수를 위한 국정과제로 정당화한 셈이다. '최순실 국정농단'으로 인한 대통령 탄핵은 과도한 대통령 권한과 이를 집행하는 권력기관의 전횡, 취약한 대의제의 한계를 드러낸 현상으로 이해하면서 권력 구조, 권력기관의 개혁(특히 검찰)과 직접민주제 요소의 도입을 해법으로 제시한 셈이다. 사회경제적으로는 '헬조선'과 '불공정'으로 상징된 IMF 이후 누적된 사회경제적 불평등의 해소를 촛불정부의 과업으로 설정하고, 정책적으로는 불평등의 해소를 위한 재벌 중심 경제체제 개혁과 포용적 복지국가 건설, 사회적 안전과 평화적 남북관계 실현이 '촛불혁명 정부'의 과제로 정당화되었다.[2)]

문제는 촛불을 명분으로 추진한 핵심 과제들이 실제 추진과정에서 상당한 관심과 기대를 모았지만, 결과적으로 여론의 반발을 불러일으키며 좌초하거나 정권교체의 빌미로 작용했다는 점이다. 물론 문재인 케어로 대표되는 복지제도 확장 정책이나 '국민청원제' 같은 제도의 도입은 국민적 지지와 긍정적 평가로 이어진 영역도 없지 않았다. 그러나 소득주도 성장정책, 남북평화체제 구상과 정상회담 국면, 적폐청산, 검찰개혁 등이 대표적인 사례다. 소득주도 성장정책은 부동산 정책실패와 함께 문재인 정부와 더불어민주당 지지층의 이탈을 본격화한 계기가 되었다. 2019년 제2차 북미 '노딜회담' 이후 여론이 싸늘하게 식은 다음에도 남북관계에 과도하

2) "'촛불민심' 방향 가를 분수령…사회경제 개혁 고삐 더 죄어야"(한겨레 2019/05/09); 손호철 · 김호기 교수 대담 "[촛불 1년] 헬조선 못 벗어나면 촛불혁명은 미완"(한국일보 2017/10/31)

게 집착하는 모습은 선거 대승 후 정부와 여당의 지지율을 균열시키는 요소로 작동했다. 총선 이후 적폐청산 과제로 시작된 검찰개혁 의제는 오히려 윤석열 대통령 등장의 발판으로 이어졌다(강원택 2022; 정한울 2020; 2022).[3)]

3) "촛불, '혁명적'이나 '혁명'이라 부르기엔 변한 게 없다"(한겨레 2021/03/18); "'촛불'로 탄생한 문재인 정부서 시민의 삶은 밝아지지 않았다"(경향신문 2021/02/04)

복기가 필요한 질문: 촛불정부는 왜 5년 만에 막을 내렸나?

이 책은 "촛불"이 가져온 촛불탄핵 연합의 힘으로 탄생한 "촛불정부"가 왜 5년 만에 "정권교체"를 당했는가 하는 질문에 대한 하나의 답을 제안하고자 한다. 2022년 5월, 대선에서의 윤석열 후보의 당선과 국민의힘으로의 정권교체(2021년 서울, 부산 보궐선거는 그 예고편이었다)는 예상치 못했던 돌발적 현상이 아니라 예고된 현상이라는 점에 주목해야 한다. 왜 촛불정부가 5년 단막극으로 끝났나라는 질문은 2017년 대선, 2018년 지방선거, 2020년 총선 세 번의 전국선거에서의 더불어민주당이 큰 승리를 거두었지만, 승리 이후 대통령 지지율이 왜 급락했는가 하는 질문과 연결된다. 선거 다음 날부터 문 대통령 국정 동력이 급격하게 악화되고, 야당의 지지율이 회복되는 역설적 상황이 반복되고 있었다. 박빙의 경쟁 선거가 아닌 한쪽으로 표심이 쏠린 압승(a landslide victory) 이후 승자의 우위가 지속되는 승자편승효과(bandwagon effect)가 급격히 사라지는 이례적 현상이 반복되었다.

〈그림 3〉 반복되는 선거 승리 직후 대통령 지지율의 하락 패턴 (%)

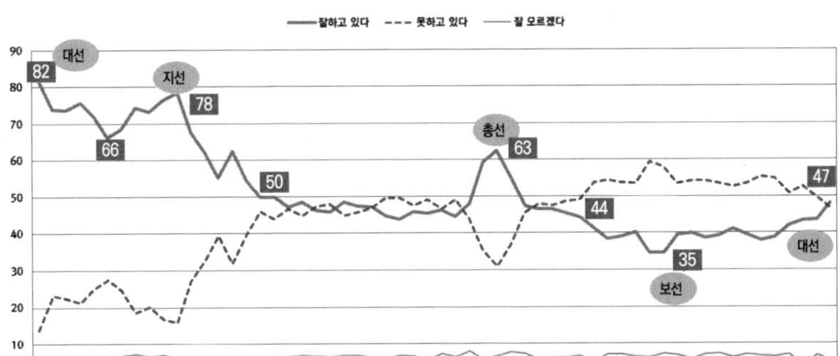

자료: 한국리서치 〈여론 속의 여론〉 정기조사 월별 결과(2017. 8~2022. 5)

위의 〈그림 3〉은 문재인 정부 시기 대통령 국정지지율의 변동 추이다. 촛불 및 탄핵 이후 대선 포함 세 차례의 전국선거가 있었다. 대통령 지지율이 60~80%의 고공행진을 기록했던 시점이었다. 이 힘을 바탕으로 더불어민주당이 압승을 거듭했다. 주목할 점은 2017~2018년 대선과 지방선거, 2020년 총선에서 더불어민주당은 선거 승리 직후 승자편승효과를 누리지 못하고, 바로 급격한 지지율 하락이 시작되는 현상이 반복되었다는 점이다. 2018년 지방선거 이후 2019년에는 긍정평가와 부정평가가 팽팽하게 맞서는 수준까지 떨어졌고, 2020년 총선에서 180석 승리 이후에도 지지율은 급락해 2021년에는 30%대 초반까지 떨어졌다. 이렇게 급락한 국정지지율은 2021년 보궐선거를 거치며 정권심판론으로 이어졌고, 4·7 재보궐선거와 2022년 대선, 지방선거에서 더불어민주당의 패배로 귀결되었다.

왜 이러한 이례적인 현상이 반복되었을까? 이 책은 촛불혁명 정부로 자기규정한 문 정부와 더불어민주당이 촛불혁명을 신성화하며, 촛불민의를 자의적으로 해석해 정부의 국정과제를 설정한 것이 문제의 근원이었다고 주장한다. 문재인 정부와 더불어민주당은 스스로 "촛불혁명"의 완수를 사명으로 하는 정권임을 자임했고, 대선부터 총선까지 "촛불혁명의 완수"를 내세웠다. 혁명 정부임을 자임하다 보니 반대파나 국민들에 대한 설득과 동의를 구하는 방식보다는 개혁을 명분으로 일방적으로 밀어붙이는 패턴이 반복되었다. 국정 추진과정에서도 집권 이후에는 촛불정국과 선거과정에서 제시한 비전과 공약에 대한 일관된 추진도 중요하지만, 새 정부하에서의 여론과 국정환경에 타당한지 면밀히 재검토해야 했으나, 촛불혁명의 완성이라는 명분으로 준비 없이 강행되는 경우가 반복되었다. 인사나 핵심국정과정 추진과정에서도 '촛불 민주주의'를 내건 정부에서 반대파와 국민들을 민주적 토론과 설득을 통해 정당화해야 했다. 그러나 촛불혁명의 민의를 내세워 민주적 토론과 논박과정을 회피하거나 반대파나 여론의 견제를 무시하며 '국회패싱', '불통정부' 등의 유행어를 만들어내며 여론의 역풍을 불렀

다.[4)]

정권 초중반까지는 그럼에도 불구하고 선거에서 연속으로 압승하며 이러한 문제가 현실화되지 않았다. 그러나 문제는 누적되어 갔다. 세 번의 선거 대승은 '촛불혁명' 완수를 내건 촛불정부에 대한 도전받지 않을 권리와 '마음껏 하고 싶은 개혁을 해보라' 하는 무제한적인 정당성을 제공한 것이 아니다. 더불어민주당이 촛불 탄핵 정국과 집권 이후 보여주었던 실적에 대한 보상으로 보는 것이 타당하다. 2017년 대선에서의 승리는 박근혜 전 대통령을 탄핵하라는 민심을 이끈 더불어민주당에 대한 정치적 보상물이었다. 2018년 지방선거는 적대적 남북관계를 개선하고 북한 핵문제의 평화적 해결 가능성을 만들어낸 것에 대한 포상이었고, 2020년 총선은 유례없는 코로나 팬데믹에 대한 정부 대처에 대한 평가였다. 다른 한편으로 탄핵에 대한 정치적 반성과 책임 있는 혁신 대신 '탄핵음모론', '좌파정부 척결', '막말정치'로 무장한 보수야당의 행태에 대한 심판여론의 반사이익 덕을 보았다.

당시 여론은 촛불민심을 근원적이고 체제전복적인 혁명이라기보다는 민주주의의 정상화와 헌정질서의 복원에 초점을 맞춘 시민행동이었다. 촛불 초기에는 상당히 제도권에 대한 전면적 불신과 반(反)제도적 분위기가 있었지만, 탄핵과정을 거치며 점차 헌정질서의

4) 필자는 2020년 총선 직후, 더불어민주당의 180석 승리 직후부터 더불어민주당 당선자 워크숍이나 더불어민주당 조직, 민주연구원의 유권자 분석 발표회나 토론회에서 국정 노선과 운영 방식의 전환이 없을 경우, 문재인 대통령의 지지율 하락과 민심 이반 가능성에 대해 지적해왔다.

복원과 대의 민주주의의 정상화로 촛불민심이 이동하고 있었다. 정권교체 후에는 정부의 국정농단과 부정비리에 대한 청산은 지지하되 과도한 적폐청산과 검찰개혁 드라이브에는 다수 국민들이 부정적이었다. 선거 대승 후 다수 국민들은 무리한 적폐청산이나 대결정치보다 안정적인 국정운영과 통합의 리더십을 기대했다.

그러나 문재인 정부와 더불어민주당은 선거 결과를 '촛불혁명의 완수'에 대한 전폭적인 위임으로 해석하며, 스스로 설정한 국정과제와 추진 목표를 설득과 정당화과정 없이 밀어붙이곤 했다. 문재인 정부는 국회 동의(청문회 보고서 채택 여부) 없이 인사 강행을 반복했다. 적폐청산/개혁 추진을 명분으로 선거법 개정/공수처 신설 등 여야 간 합의가 중요한 의제도 패스트트랙을 활용해 법안 통과를 강행했고, '국회 패싱'이라는 비판이 제기되었다. 민생의제는 뒷전에 둔 것으로 비쳤다. 단기간에 정부여당에 대한 기대와 지지를 급격하게 냉각시킨 주된 요인이었다.[5)]

촛불의 성격과 이후 한국 정치사회에 미친 영향에 대한 논의는 많지만, 정작 데이터들에 기반한 복기는 찾아보기 힘들다. 촛불 이후 5년은 민심과 동떨어진 정부의 정체성 설정과 자의적이고 일방적인 국정운영이 얼마나 단기간에 큰 민심이반을 불러올 수 있는

5) 임기 초부터 후반까지 인사청문회 보고서 채택 없이 혹은 반대에도 임명을 강행하거나 총선 이후 패스트트랙을 활용한 개혁법안 강행은 대표적인 '국회패싱', '야당패싱'이라는 비판을 유발했다. "늘어나는 '국회패싱' 과거 정부는 어땠나?"(KBS 2019/09/17); "'야당 반대'에도 29번째 임명 강행…청문회 무용론"(SBS 2021/02/16); "무용지물로 전락한 문재인 정부 인사청문회"(월간중앙 2021/06/29); "文 대통령, 김의철 신임 KBS사장 임명...野패싱 34번째"(머니투데이 2021/12/09)

지 귀중한 교훈을 남긴 시기였다. 이 책에서 문재인 정부 5년을 분석의 대상으로 삼은 것은 '촛불탄핵연합'의 형성과 해체가 단일 정부 시기 내에 동시에 일어났다는 점에서 매우 이례적인 사례이기 때문이다. 문재인 정부의 경우 세 번이나 반복된 이례적 현상에 대한 진단과 대응이 차기 대선 국면이 한창이던 임기 말에서야 이루어졌다. 역대 대통령 중 처음으로 40%를 상회하는 비교적 양호한 국정 지지율로 임기를 마친 것은 이 때문이다. 이는 격앙되었던 문정권심판론을 둔화시키고, 대선에서 0.7%p 차 초경합 경쟁의 여건을 만들었다. 그러나 대선 패배 후 '검수완박' 강행 등 민심 이반기의 국정 의제를 다시 전면에 내세우며 대선 2개월 후 치러진 2022년 지방선거에서는 국민의힘이 유례없는 대승을 거두었고, 민주당은 참패했다.

이 책은 문재인 정부 5년간의 여론변동을 복기하지만, 더불어민주당은 물론 정권교체에 성공한 국민의힘, 나아가 미래의 집권 세력에게도 중요한 반면교사의 사례가 될 것이라고 생각한다. 실제로 2022년 대선과 지방선거 승리 이후 윤석열 정부 지지율이 50%를 상회하고, 국민의힘 지지율이 과반에 육박하는 등 윤석열 정부도 기회가 있었다. 촛불 이전 보수우위의 구도로 복귀 가능성이 생겼지만, 윤석열 정부 역시 문재인 정부가 범했던 오류를 반복하면서 급격한 지지율 하락으로 이어졌다. 선거 승리로 표출된 민심에 대한 자의적 평가와 여론과 동떨어진 의제 설정이 반복되고 있는 셈이다. 정권교체에 성공한 윤석열 정부와 국민의힘 역시 문재인

정부 5년과 같은 오류를 반복하고 있다는 점에서 여야 모두에 귀중한 교훈이 되길 기대한다.[6)]

6) 실제로 문재인 정부 시기 내내 제기된 국회 패싱, 야당 패싱 비판은 윤석열 정부 시기에도 반복되고 있다. 국회 동의 없는 인사 강행은 임기 초부터 윤 대통령 지지율 하락 요인으로 떠올랐다. 다만 법안과 관련해서는 문재인 정부 시기에는 정부여당이 180석 의석으로 법안을 강행하는 패스트트랙/야당 패싱이었다면, 윤석열 정부 시기에는 그렇게 통과된 법안에 대한 거부권을 통해 국회/야당 패싱이 이루어졌다는 점이 달라졌다. "거부권만 9번째 … '대통령 독주' 도 넘었다"(내일신문 2024/01/31); "윤 대통령, 24번째 국회패싱 임명"(한겨레 2023/12/29); "'20번째' 임명 강행 초읽기…국회 무력화"(뉴스토마토 2023/10/06)

정치연구총서 07

정치연구총서 07

3장
문제의 발단:
촛불혁명론의 명과 암

*

촛불탄핵 이후 세 차례의 선거에서 대승 직후 대통령 지지율이 급락하는 현상이 반복되었다. 문재인 대통령의 당선, 지방선거-총선 압승으로 가려졌지만, 문재인 정부의 국정운영은 순탄치 않았다. 앞의 〈그림 3〉의 국정운영 평가에서 문재인 대통령의 국정지지율은 임기 초 80%대 고공지지율에서 출발했지만, 2018년 초에 접어들면서 긍정 평가율이 15%p 이상 하락했다(한국리서치 〈여론 속의 여론〉 2017년 8월 82%→2018년 1월 66%, 한국갤럽 2017년 6월 82%→ 2018년 2월 65%). 지방선거 직후 6개월간 무려 28%p(2018년 6월 78%→2018년 12월 50%) 하락했고, 총선 직후 6개월 동안 19%p(2020년 6월 63%→20년 12월 44%)나 하락했다.

이 시기 선거 대승 후 국정기반의 급락 현상의 원인으로는 주로 (1) 이슈 요인(평창올림픽/인국공 정규직노조 전환/조국 장관 공정 이슈, 정상회담 국면의 부침, 소득주도성장 논쟁, 코로나19 대응), (2) 체감경제/안보 상황의 악화, (3) 민생 경제 리더십의 실종(장하성-김동연 갈등, 민생경제 메시지 부족, 부동산 정책의 실패) 등의 요인이 지적되었다(정한울 2022a, 2022b). 그 이면에는 문재인 정부와 더불어민주당의 '촛불혁명론'과 '촛불정부'라는 자의식이 제도적, 절차적 정당성 확보 없는 '적폐청산/검찰개혁' 이슈에 대한 집착으로 나타났고, 대야 관계에서 야당 패싱이라는 일방적인 국정운영으로 이어졌다. 선거 연승의 핵심 공식은 2017년 탄핵, 2018년 남북 정상회담, 2020년 코로나19 대응 등의 '실적(performance)' 관리에 있었다. 그러나 문 정부와 더불어민주당은 촛불혁명 완수라는 정체성의 승리이자 촛불개혁에 대한 전폭적 위임으로 오인하면서 여론의 역풍을 불러일으키기 시작했다.

'촛불혁명론'의 진원지: 문재인 정부와 더불어민주당

이론적으로 '혁명(revolution)'에 대한 명료한 정의와 어떤 사건이 '혁명'인지, 아닌지에 대한 분류 기준은 역시 모호하다. 혁명의 정의에 대한 다양한 논쟁과 개념적 혼란에도 불구하고 (1) 사회정치적 정의(불평등, 반식민주의/민족독립, 민주주의의 실현)를 명분으로 한 혁명의 정당화, (2) 대중동원(mass mobilization)을 통한 기존 제도/기존 정부의 전복(overthrow of the old government), (3) 정치/사회체제의 실질적이고 구조적인 변화가 수반될 때 '혁명' 혹은 '혁명적 사건'으로 정의할 수 있다는 점에는 이견이 없다. 일반 시민운동 차원에서도 (1)의 가치와 목표를 내건다는 점에서 실질적인 혁명 여부를 판단하는 기준은 결국 (2) 대중동원이 기존 제도/정부에 대한 전복/대체적 성격을 갖는지, 동시에 (3) 사회 전반의 구조적 변화로 연결되는지에 따라 결정된다고 할 것이다(Goldstone 2014; Grinin et al. 2022).

촛불을 혁명으로 예찬한 진원지는 문재인 대통령 자신과 더불어민주당이었다. 더불어민주당의 2017년 대선부터 2020년 총선까지 선거캠페인의 핵심 구호는 '촛불혁명의 완수'였다. 탄핵 국면에서는 '박근혜 대통령의 탄핵'과 '사법처리', 보수정당의 '정권심판론'에 맞서 촛불과 탄핵을 유발한 '보수정당 심판론'이 캠페인의 한 축을 담당했다. 다음 〈그림 4〉는 빅데이터 분석서비스인 빅카인즈의 2016년 9월 1일~2024년 1월 30일까지의 10대 전국일간지와 방송 5개사 언론기사 중 '토픽랭크 알고리즘'에 기반한 시멘틱 네트워크(semantic network)분석 결과다. "촛불혁명" 키워드와 연관 가중치(거리와 빈도)를 산출해 30대 연관어 클라우드 그래프로 글자가 클수록 "촛불혁명" 키워드와 의미적 연관을 가지고 함께 사용한 빈도가 높은 단어임을 뜻한다.

분석결과를 보면, 언론을 통해 시민들과 공유된 '촛불혁명론'의 서사를 짐작해볼 수 있다. 첫째, 촛불혁명을 이끈 힘은 '촛불집회'(17위)와 '광화문광장'(22위)을 메운 '대한민국/주권자'(3위/24위)인 일반 '시민/국민들/사람들'(6위/7위/13위)이 주역인 '시민혁명'(23위)이었다. 둘째, 시민들은 '박근혜 대통령'(5위)의 '국정농단'(16위)으로 발생한 '민주주의'(1위) 위기를 바로잡는 '정권교체'(10위)와 '민주화'(11위)를 위한 시민행동이었다. 셋째, '촛불혁명'은 '문재인 정부'(2위)의 탄생으로 이어졌으며, '문재인 대통령/더불어민주당/민

〈그림 4〉 "촛불혁명" 언론기사 30대 연관어 분석 결과: 가중치 기준 워드클라우드

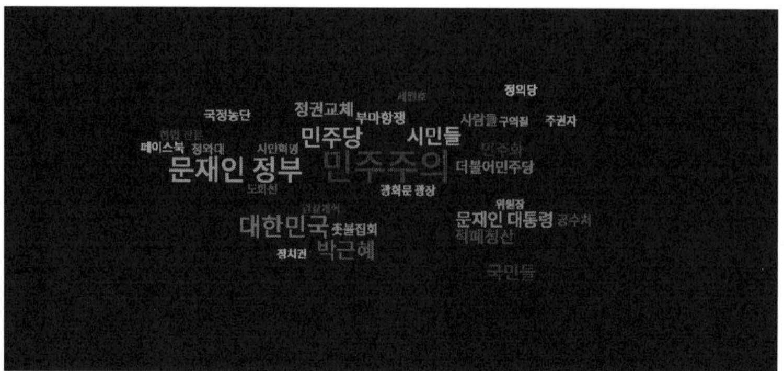

랭크	키워드	가중치	빈도수	랭크	키워드	가중치	빈도수
1	민주주의	120.03	1197	16	국정농단	18.00	148
2	문재인 정부	85.41	349	17	촛불집회	16.63	283
3	대한민국	73.61	663	18	정의당	14.74	276
4	민주당	62.64	1192	19	청와대	13.61	459
5	박근혜	55.29	656	20	페이스북	12.86	158
6	시민들	49.32	483	21	헌법전문	10.73	68
7	국민들	38.87	280	22	광화문 광장	10.48	40
8	문재인 대통령	35.79	463	23	시민혁명	10.43	91
9	적폐청산	34.22	200	24	주권자	10.43	80
10	정권교체	33.31	130	25	도화선	9.92	27
11	민주화	28.81	486	26	정치권	9.00	130
12	더불어민주당	23.04	378	27	검찰개혁	8.40	93
13	사람들	20.99	267	28	위원장	8.21	365
14	부마항쟁	19.88	56	29	세월호	6.16	203
15	공수처	18.22	201	30	구역질	6.00	15

출처: 빅카인즈(https://www.bigkinds.or.kr)
검색어 "촛불혁명" (10대 중앙일간지 & 5대 방송사, 2016. 9. 1~2024. 1. 30)

주당'(8위, 4위, 12위)이 촛불혁명론의 진원지였다. 넷째, 문재인 정부와 더불어민주당은 임기 초반에는 '촛불혁명'을 '5·18 및 부마항쟁(14위)과 함께 "헌법전문"에 포함하려는 개헌 논의로 임기 중후반에는 "적폐청산/공수처/검찰개혁/세월호"(9위, 15위, 27위, 29위) 등의 적폐청산 논의를 정당화하는 기제로 활용했다.

촛불과 탄핵과정은 혁명이라고 규정할 수 있을까? 사실 촛불집회 초기부터 최근에 이르기까지 "촛불집회"를 "혁명"으로 정의하는 것에 대한 다양한 시각 차이는 존재했다. '한국 현대사 최초의 완성된 혁명'이라는 평가부터, 촛불은 신자유주의 사회경제적 모순이자 대의제 민주주의의 한계가 표출된 결과이며, 사회경제적 구조변화와 참여(직접) 민주주의적 정치개혁(분권개헌/직접민주주의 확대/시민의회론)의 요구가 표출된 진행형의 '사회혁명'으로 보는(혹은 사회혁명으로 발전시켜야 한다는) 입장도 있었다(손호철 2017; 정상호 2018; 최장집 2017).[7] 반면 촛불에 참여했던 참가자들에 대한 실증조사 결과를 토대로 촛불참여가 직접적으로 직접민주주의에 대한 요구나 사회경제적 모순의 표출로 보는 것은 과도하다는 반론도 제기되었다(이지호 · 이현우 · 서복경 2017). 무엇보다 촛불시위는 민주주의 회복 운동이자 1987년 헌정 질서의 회복운동이었다는 점에서 "혁명을 예방하는 반혁명"에 가까웠다는 평가도 제기되었다(권영숙 2018, 72; 강우진 2019).

7) "시민의회 구성으로 촛불혁명 완성해볼까"(시사인 2017/04/20); "시민의회로 촛불혁명 완성하자"(아시아경제 2016/12/19); "'촛불 세력화하나' 반발에 '온라인 시민의회' 중단"(SBS 2016/12/12); "'누구 맘대로 국민대표?'…'온라인 시민의회' 시민 반발에 무산"(머니투데이 2016/12/12)

돌이켜 보면 촛불시위는 2016~2017년 한국 민주주의의 위기 상황에서 시민들이 직접 참여를 통해 위기의 책임을 묻고, 민주주의 체제 정상화를 복원하는 기본 동력이었다. '시민혁명'이라는 찬사가 아깝지 않은 사건이었다. 사실 촛불참여를 '혁명'으로 상징화하고, 그 정신을 계승하고 완성하겠다는 캠페인이나 국정전략 자체는 크게 문제 삼을 일은 아니고, 집권 초중반에는 실제 큰 문제가 되지도 않았다. 필자가 앞서 문재인 정부와 더불어민주당이 내린 '촛불혁명론'의 자기 정체성 규정이 문제였다는 주장은 '촛불혁명'이라는 표현을 사용한 것 자체를 문제 삼는 것이 아니다. 그러나 촛불집회의 전개과정을 살펴보면 촛불을 실질적 '사회혁명'으로 규정하는 것은 무리해 보인다.

촛불집회의 전개과정: 제도불신으로 인해 광장으로, 탄핵을 통해 제도정치의 복원

〈표 3〉에 정리한 바와 같이 촛불집회를 제1국면~제3국면으로 구분할 때 제1국면 시기(2016년 10월 24일 JTBC 태블릿 보도부터 12월 8일)의 촛불집회는 "혁명적"인 특성이 두드러졌고, 대체로 촛불혁명을 인정하는 입장은 이 시기의 촛불의 양태를 근거로 삼는 경향이 강하다. 그러나 2016년 12월 9일 국회탄핵가결과 2017년 3월 헌재 탄핵인용 전후의 제2국면과 제3국면에서는 헌정제도의 틀 내에서 대통령의 임기중단과 퇴진이 실현되면서 시민들의 관심과 참여가 광장에서 대통령 선거와 사법적 조사/처벌 단계로 이전했다는 점에서 "국가의 비정상 상태를 해소하고 정상국가화 하려는 시도였다"로 이전한 것으로 보인다. 이 점에서 엄밀히 '촛불'을 상징적 의미를 넘어 실질적 사회혁명으로 규정하는 것은

무리한 주장으로 보인다(권영숙 2018).

제1국면(JTBC 태블릿 PC 보도~국회 대통령 탄핵안 통과 전): 촛불의 점화

이 시기에도 근본적인 정치사회적 구조개혁의 요구로까지 나아가지 못했다는 점에서 엄밀한 의미의 사회혁명으로 보기는 어렵지만, 최소한 상징적 의미의 '혁명'으로 부를 수 있는 시기였다고 본다. 우선, 박 대통령 국정농단 사건에 대한 해법으로 청와대와 정치권의 초기 논의는 대통령의 '하야'보다는 인적청산과 내각총사퇴 및 '거국중립내각'에 초점이 맞춰졌으나 시민여론과 촛불집회는 '대통령 사퇴/탄핵'이라는 해법을 견인한 측면에서 그렇다. 또한 촛불과정에서 제도권 내의 전통적 해법을 중시했던 정치인이나 정당보다 촛불과 여론의 요구에 일관되게 부합하려고 했던 정당이나 정치인들에 대한 지지가 급증했던 것도 주목할 만하다. 무엇보다도 '국민의회', '시민의회'는 기존 대의제에 기반한 헌정질서를 뛰어넘는 요구들이 분출되었다는 점도 고려해야 한다.

1) 촛불의 발단: JTBC 태블릿 PC 보도와 제도권의 혼란

〈표 3〉에서 JTBC 태블릿 보도 직후 제도권 내에서는 해당 정국의 진단과 해법에서 혼선을 빚고 있었다. 박근혜 대통령과 청와대

는 제1차 대국민사과(10/25)와 김병준 총리지명과 개각(11/2), "검찰 수사에 협조하겠다"라는 제2차 대국민담화(11/4)까지 순응적이며 정치적 타결에 주력했다. 11월 8일에는 김병준 총리지명을 철회하고 "국회가 추천한 국무총리를 수용하겠다"라는 입장으로까지 후퇴했다. 여당인 새누리당의 최고위원회도 "청와대와 내각의 인적 쇄신" 수준에서 타협하려 했다.

〈표 3〉 촛불집회의 전개 국면

구분	제1국면: 촛불 점화기 2016년 10월 24일~12월 8일	제2국면: 국회탄핵가결 국면 2016년 12월 9일~ 2017년 1월 30일	제3국면: 탄핵인용 국면 2017년 2~3월
촛불 구호	촛불의 점화 "내려와라 박근혜"	촛불참여 약화, "박근혜 퇴진/탄핵"	촛불 하강 및 재점화 "황교안사퇴/적폐청산/재벌 총수구속/특검연장 등"
사건 진행	• 안종범 수석 미르재단 출연금개입(TV조선 7/26) • '미르재단·K스포츠재단' 국정감사 시작(9/26) • JTBC 태블릿보도(10/24) • 국회 특검법안통과(11/17) • 검찰 중간수사 "박 대통령 공범 적시"(11/20)	• 국회탄핵소추안 가결 (12/9) • 박영수 특검 개시(12/21) • 헌재 탄핵심판 1차 준비 기일(12/22) • 김기춘/조윤선 구속(1/18)	• 우병우 영장 기각(2/22) • 헌재, 탄핵 인용(3/10) • 박 특수본 수사(3/21) • 박근혜 구속수감(3/31)
배경	박근혜 반발, 제도권 혼선	문책 제도의 작동 국회탄핵/ 검찰·특검개시	박근혜+태극기 반발 제도의 작동과 촛불의 압박

	청와대	• 朴" 임기 내 개헌"(10/24) • 朴대통령 1차 사과(10/25) • 2차 담화 "검찰/특검 협조할 것"(11/4) • "국회추천 총리 수용"(11/8) • 청와대, "수사협조 거부, 탄핵하려면 하라"(11/20)	• 朴 3차 담화 "임기 단축 및 국회에 맡길 것" (11/29) • 朴 정규재 TV 인터뷰 "특검 조사 임할 것" (1/25)	• 朴, 특검압수수색거부 (2/3) • 朴, 특검대면조사거부 (2/8) • 黃, 특검연장 거부(2/28)
행위자 대응	더불어 민주당	• 문재인 "국무총리교체, 거국중립내각구성"(10/26) • 이재명 "대통령 하야, 거국중립내각구성"(10/26) • 박원순 "즉각 사임"(11/4) • "즉각 퇴진" 당론(11/14)	• 야 3당, 대통령 탄핵소추 추진 당론 채택(11/21) • 김무성 "탄핵 앞장서겠다" (11/23) • 새누리당 비상시국회의 "2017년 4월 박 사퇴시한 요구"(12/01) • 국회, 대통령 탄핵소추안 발의(12/3) • 새누리당 비상시국회의, 국회탄핵소추 찬성입장으로 선회(12/4) • 새누리당 분당(12/20) • 국회 국정조사특위 청문회 (12/6~7, 14~15, 22)	• 문재인 "적폐청산, 정권교체" • 이재명 "야권연합정부 수립이 촛불의 명령" • 안희정 "헌정질서 개혁, 대통합 연정" • 안철수 "헌법과 법의 지배 회복" • 유승민 "무너진 공동체 복원"
	국민의당	• 안철수 "비서진 전면 개편, 내각 총사퇴"(10/26) • "대통령 즉각퇴진"당론 결정 (11/13)		
	정의당	• "대통령 즉각 사임" 당론 채택(10/31)		
	새누리당	• 최고위원회의 "청/내각 인적 쇄신"(10/26), "거국중립내각"(10/30) • 국회국조특위(11/17)		

자료: 빅카인즈(https://www.bigkinds.or.kr) 검색 및 이지호 외(2017) 촛불일지 참조해 필자가 정리

초기 야당은 특히 더불어민주당의 경우 당이 중심이 되어 단일한 해결방안을 제시하지 못하고, 차기 대선주자들의 선거전략이 개입하면서 중구난방의 논란이 시작되었다. 물론 초기부터 대통

령 하야를 주장한 이재명 후보도 있었지만, 초기만 해도 "여야 모두 대통령 하야에 선 긋고" 있었으며, '거국중립내각'의 주도권과 총리 권한을 중심으로 논쟁이 벌어지고 있었다.[8] 10월 26일 선두주자였던 문재인 후보는 "국무총리 교체, 거국중립내각 구성, 특검 실시"를, 국민의당 안철수 후보는 "내각 총사퇴/청와대 비서진 전면개편"이라는 해법을 제시했다. 대통령과 여당에서 거국중립내각안에 대한 한 발씩 후퇴한 타협안이 계속 나오며 혼선을 빚자 11월 8일에는 대통령의 2선 후퇴를 전제로 한 거국중립내각임을 밝히며 논란만 커져갔다. 이재명 성남시장만 차별화된 행보를 보여주는데, 10월 26일 "대통령 하야/거국중립내각"을 주장해 정치권에서 처음으로 "하야"를 주장했다. 이후 11월 1일에는 페이스북을 통해 다시 한번 "하야" 주장을 확인하며 거국중립내각 대신 "제정당, 시민단체, 종교계 등 각 분야 국민대표들을 망라한 (가칭) 비상구국회의를 개최해 '국민내각' 구성"을 제안했다. 청와대와 제도정치권 내에서 문제해결이 제대로 될까 하는 불신이 커졌다.

2) 점화: 박근혜 대통령의 수사거부가 탄핵촛불에 기름을 부었다

사건 초기부터 국민여론은 대통령의 국정농단 사건이 대통령의 사과나 인적쇄신, 여야가 대립하던 "거국중립내각" 등의 타협책으로 수습할 사안이 아니라는 인식이 지배적이었다. 박 대통령 진로

8) "거국중립내각, 왜 말만 요란할까? 여야 모두 '대통령 하야'에 선 긋지만 내각 구성 주도권 샅바싸움 중"(한겨레 2016/11/01); "[최순실 게이트] 문재인 "野의 거국중립내각 취지와 달라"(서울경제 2016/11/08)

에 대해서 초기여론은 탄핵 이전에 "스스로 하야"해야 한다는 여론이 압도적이었다.

〈그림 5〉는 필자가 KBS의 의뢰로 실시한 2016년 11월 26~27일 촛불인식조사 결과다. 박 대통령의 진로에 대해 "스스로 하야해야"한다는 입장이 56%로 압도적이었고, "2선 후퇴/책임총리제 실시"(15%)나 "야당참여 거국중립내각 구성" 등의 정치적 타협책에 대해서는 각각 15%, 6%에 그치며 소수의견에 그쳤다. "탄핵해야 한다"라는 입장도 12% 수준이었다. 박 대통령의 '자기결단'에 의한 '퇴진'을 선호한 셈이다. 이보다 앞서 실시한 이지호 외의 11월 4일 온라인 조사결과(20~50대)에서도 "스스로 하야" 52%, "탄핵절차에 따라" 16%, "조기사임 선언" 14%, "2선 후퇴" 12%, "대통령직 유지" 7%로 〈그림 5〉의 여론이 촛불 초기부터 유지되어왔음이 확인된다(이지호 외 2017, 102).

〈그림 6〉에서 확인되듯이 11월 20일 박 대통령의 반발 직후 실시한 11월 26~27일 KBS·미디어리서치의 조사에서 81%가 박근혜 대통령의 탄핵에 찬성했다. "박근혜 대통령의 탄핵"에 대한 찬성여론은 이후 국회탄핵가결 직후인 12월 9~10일 조사, 2017년 1~2월에 실시한 한국일보·한국리서치의 탄핵 및 대통령 선거 여론조사에서 79~83%의 일관된 지지를 확인할 수 있다. 장기간 대규모 인원이 참가한 촛불참여는 사실 탄핵의 환경 변화에 따라 부침이 있었지만, 시종일관 변하지 않은 것은 "탄핵"에 대한 시민 다수의 일관된 지지였다. 정치권과 시민사회, 언론 등에서 "촛불시민

혁명", "명예혁명"등의 찬사를 보냈지만, 촛불이 촛불혁명으로 예찬받을 수 있었던 데에는 대통령의 국정농단과 부패비리에 대해 타협 대신 철저한 진상규명과 정치/사법적 책임을 묻고자 했던 시민들의 합의된 여론이 작동했음을 간과해서는 안 된다. 촛불이 위대했던 것은 기간과 동원된 참여 인원의 규모보다 시민다수가 합의한 시민들의 요구를 관철하기 위한 행동이었다는 점과 실제로 대통령 탄핵을 실현하고 정권교체를 이루는 데 실질적인 영향력을 행사할 수 있었다는 점에 있다.

〈그림 5〉 박 대통령 진로 (%)

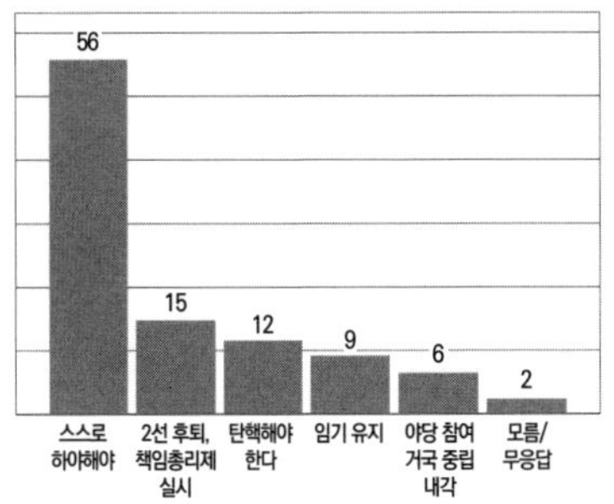

자료: KBS · 미디어리서치(KBS · MR, 2016. 11. 26~27)

〈그림 6〉 탄핵에 대한 태도 (%)

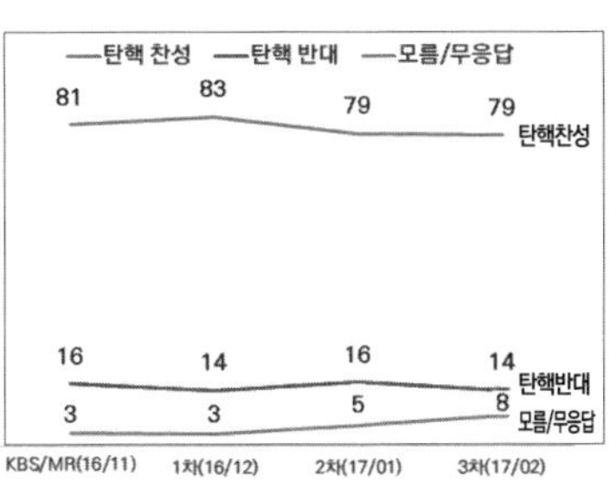

한국일보 · 한국리서치 촛불인식조사(각 1,000명, 1차 2016. 12. 9~10, 2차 2017. 1. 15~16, 3차 2. 24~25)

시민들의 압도적인 "탄핵"에 대한 여론을 염두에 두고 다음 〈그림 7〉의 주최 측이 집계한 촛불집회 전 기간의 촛불참여 인원변동을 보자. 10월 29일 3만 명 참여에 그쳤던 1차 대회가 11월 12일 3차 대회에서 110만 명을 돌파하고, 11월 19일 4차 촛불집회에서

〈그림 7〉 촛불집회 참여인원 변동(주최 측 추산: 명)

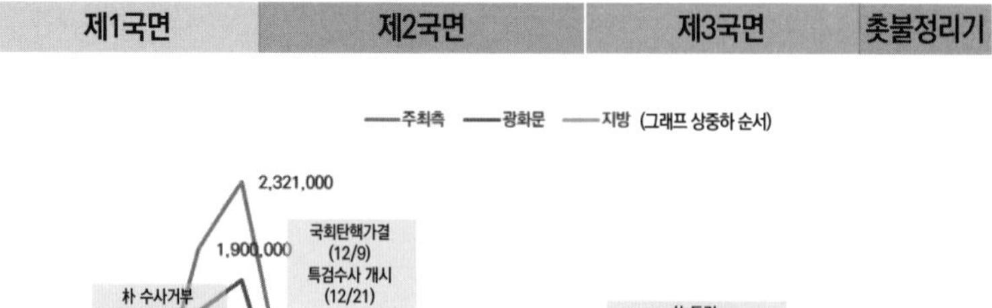

자료: Korea Democracy Foundation(민주화운동기념사업회 2018)

는 전 차수 참여인원 110만 명보다 다소 적었지만, 96만 명이 참여해 연이어 약 100만 명이 전국 각지에서 촛불을 들었다. 이에 정치권도 반응하기 시작했다. 초기 내각과 청와대 인적 쇄신이나 "거국중립내각"의 주도권을 다투던 정치권도 점차 시민들의 요구이자 촛불의 구호로 수렴되기 시작했다. 11월 12일 3차 촛불집회에 110만 명을 돌파하면서 혼선을 빚던 야당은 11월 13~14일 사이에 일제히 "대통령 즉각사임"으로 입장을 정리했다(국민의당 11/13, 더불어민주당 11/14). 그러나 이 시기만 해도 촛불이 2017년 3월까지 연인원 1,000만을 넘는 장기 시민행동으로 이어질지 예상하지는 못했다. 국정농단 사건에 대한 제도적 수사와 문책과정이 정상화되면, 촛불의 분노가 제도로 수렴될 가능성이 남아 있었기 때문이다.

그러나 여론과 촛불행동에 기름을 부은 것은 박근혜 대통령 자신이었다. 11월 20일 청와대 발표를 통해 급작스럽게 "검찰수사를 거부할 것이며, 탄핵하려면 하라"며, 기존의 사과와 검찰수사 협조라는 순응적 태도에서 정면으로 맞서기 시작하면서 상황이 급변했다. 박 대통령의 수사거부 및 탄핵에 정면으로 맞서면서 촛불참여에 기름을 부었다.[9] 11월 20일 대통령이 태도를 바꿔 검찰수사의 불공정성을 명분으로 검찰수사를 거부하자 11월 26일 5차 집회에서는 190만 명, 국회탄핵 이견을 앞둔 12월 3일 6차 집회에서는 전국 각지에서 232만 명으로 급증했다(Korea Democracy Foundation, 민주화운동기념사업회 백서, 2018).

이에 따라 정치권도 시민들과 촛불의 요구에 부응하는 제도권 내에서의 해법을 추진하게 되었다. 우선 야 3당(더불어민주당, 국민의당, 정의당)이 대통령 탄핵소추를 당론으로 채택했다(11/21). 다만 의석 분포상 탄핵을 발의한 더불어민주당 123석, 국민의당 38석, 정의당 6석과 무소속 11석을 모두 합해도 국회탄핵가결 200석에 미치지 않아 새누리당 의원들의 이탈 없이는 탄핵가결은 어려운 상황이었다. 그러나 촛불 여론이 고조되면서 여당 내에서도 새누리당 김무성 의원이 "탄핵에 앞장서겠다" 입장을 밝히고(11/23), 새누리당 비상시국회의 소속 의원들을 중심으로 대통령의 조기사퇴

9) "[탄핵안 표결 D-6] 청 '탄핵 연대 와해 작전'"(경향 2016/12/02)

(12/01) 주장을 거쳐 탄핵소추 찬성입장으로 선회했다. 이에 강한 반발로 맞서던 11월 29일 박 대통령은 3차 대국민담화를 통해 "임기 단축 포함 진퇴를 국회에 맡기겠다"라고 회유안을 내며 탄핵소추의 명분을 약화시키고, 비박계 탄핵찬성파 의원들의 동요 및 분열을 꾀했다(이지호 외 2017; 강우진 2019). 이에 따라 12월 2일로 예정된 국회탄핵소추안 발의 일정이 여야 입장의 혼선 속에 연기되는 등 상당히 긴박한 국면이 연출되기도 했다.

결국 박근혜 대통령과 청와대의 급박한 대응은 헌정질서 유린과 국정농단에 대한 제대로 된 정치적, 사법적 문책이 어려워질 수 있다는 우려를 키웠고, 국회탄핵안 발의 및 표결에서 탄핵이 가결될 수 있을지에 대한 불확실성이 커졌다. 대통령의 탄핵을 요구하는 압도적인 시민여론을 배경으로 탄핵을 관철하기 위해 200만 명이 넘는 시민들이 전국 각지에서 촛불에 참여하면서 불확실성이 현실로 전환되었다. 결국 더불어민주당, 국민의당, 정의당은 물론, 새누리당의 탄핵파 의원들의 탄핵 동참을 끌어내며 12월 9일 국회에서 압도적인 표차로 탄핵안이 가결되었다(300명 중 299명 투표, 찬성 234표, 반대 56표, 무효 9표, 기권 2표).

3) 촛불의 여파: 보수우위 유권자 연합의 해체, 제도불신, 그리고 급진적 이재명의 부상

국정농단 사건에 대한 민심의 이반과 국회에서의 탄핵안 가결을 압박한 촛불은 정치구도의 변동을 가져왔다. 우선 콘크리트 지지기반을 자랑하던 새누리당 지지율을 반토막 냈다. 〈그림 8〉에서 박 대통령의 국정지지율은 촛불 전후로 급락했다(갤럽월별통합결과). 〈그림 9〉의 11월 26~27일 조사에서 "다음 각 정당이 현 정국(촛불 정국)을 해결하기 위한 노력을 어떻게 하고 있다고 보는가?"라는 질문에 대해 책임 당사자인 새누리당에 대해 91%가 잘못했다고 답했다. 그러나 문제는 새누리당뿐 아니라 제1야당인 더불어민주당과 제2야당인 국민의당에 대해서도 잘못하고 있다는 응답이 64%, 56%로 부정적인 응답이 다수였다. 정국의 영향력이 크지 않았던 정의당에 대해서만 50%로 부정적인 인식이 낮았지만, 전체적으로 촛불탄핵 국면에서 제1의 책임은 박 대통령과 여당인 새누리당에 있지만, 이에 대한 대처에 있어 야당들에 대해서도 부정평가가 높아 제도권 전체에 대한 불신이 컸던 것으로 해석된다.

〈그림 8〉 박근혜 정부시기 국정평가 (%)

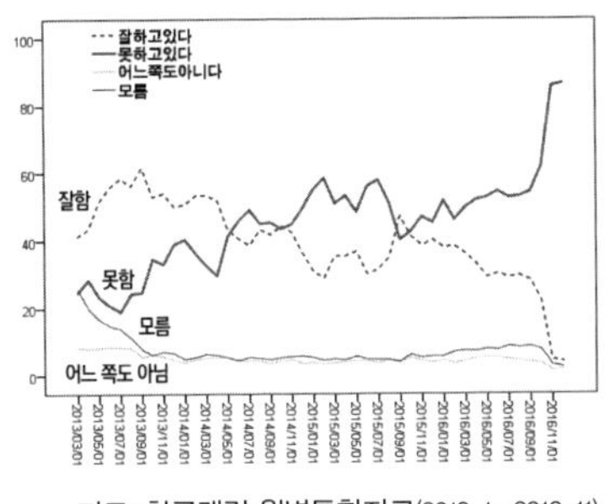

자료: 한국갤럽 월별통합자료(2013. 1~2016. 11)

〈그림 9〉 정당별 정국대처: "잘못함" (%)

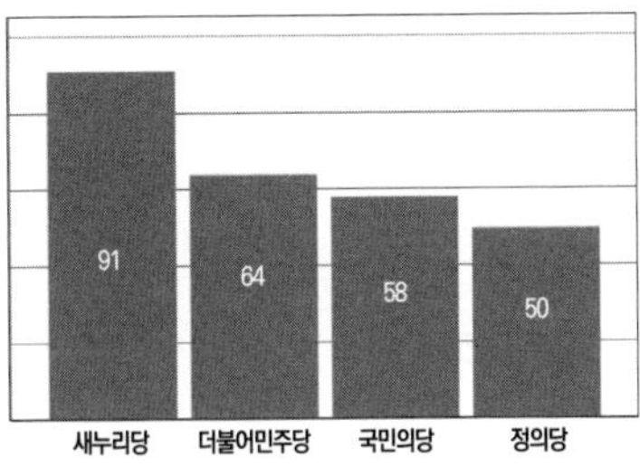

자료: KBS · MRC(11. 26~27)

그 결과 정당 지지율의 변화를 보면 박 대통령 국정지지율과 마찬가지로 새누리당 지지율이 급락하지만, 더불어민주당이나 국민의당 지지율이 상승하지 않았다.[10] 〈그림 10〉의 2016년 9월 조사에서 35%였던 새누리당 지지율은 12월 9~10일 조사에서는 11%로 급락했다. 이 시기에는 더불어민주당 지지율이 25~31% 수준, 국민의힘 지지율은 8~16% 수준에 정체했다. 대신 무당파가 23%에서 47%까지 급증했다. 새누리당 지지층의 붕괴, 즉 '이탈보수층'의 증가가 제도정치권의 지지로 흡수되지 못하고 무당파로 이탈했다는 점에서 이 시기 보수지지층의 이탈이 제도 정치 내로 흡수되지 않았고, 특히 더불어민주당 지지로 전환되지 않았다. 보수우위 유권자의 해체가 곧바로 더불어민주당 우위구도로 이어지지 않았다.

또한 같은 시기 대선지지율 변동을 봐도 촛불 정국을 거치며 소위 '대세론'을 이끌던 반기문 총장 지지율은 반토막이 났다. 촛불 초기 국면에서 박 대통령의 사퇴나 탄핵이 아닌 '거국중립내각'이나 '내각 총사퇴'등 정치적 해법을 중시했던 문재인, 안철수 후보의 지지율은 답보했다. 대신 촛불여론은 이재명 후보의 지지율이 한 자릿수(10월 6%)에서 15~16%대로 상승하며, 일약 선두권 주자로 밀어 올렸다.

시민들의 여론과 광장의 촛불은 국정농단 사건을 일으킨 대통

10) 정의당은 표기하지 않았으나 9월부터 12월 탄핵까지 정의당 지지율은 5~8% 수준에 그쳤다.

령과 그 수습방안으로 '대통령의 하야'와 이를 실현하는 방법으로 '탄핵'을 명령했는데, 촛불정국 초기부터 일관되게 '대통령 하야'와 '국민의회' 등 급진적 해법을 일관되게 제시했던 이재명 후보였다. 광장의 항의 정치(protest politics)는 제도정치에 대한 불신을 통해 표출되며 제도불신을 이끌던 '급진적', '비제도적 성향의' 리더가 주목받게 된 셈이다(정한울 · 이곤수 2013). 이러한 과정을 거쳐 촛불의 제1국면이 마무리되며, 2016년 12월 9일 국회탄핵가결 이후 1월 중순까지의 제2국면으로 넘어가게 된다. 이 시점에는 촛불 대신 제도를 통한 국정농단 사건에 대한 민주적 문책(punishment)과정이 본격화되었다.

〈그림 10〉 정당지지기반의 재편 (%)

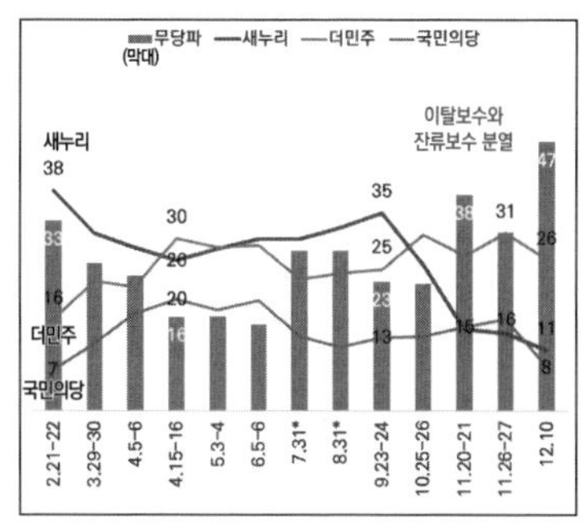

〈그림 11〉 대선 후보 지지율: 다자구도 (%)

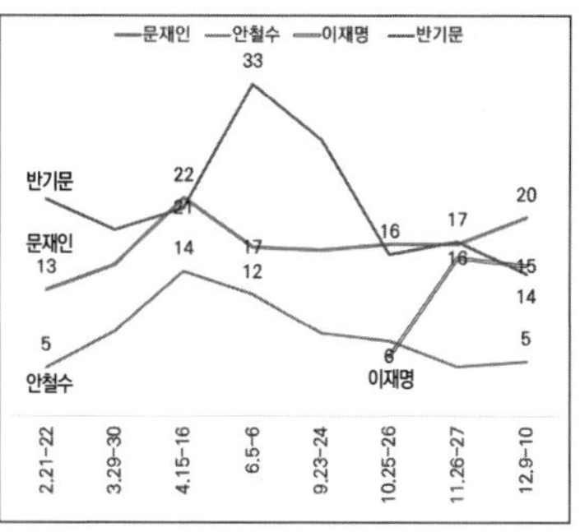

자료: 한국일보 · KRC(6. 5~6), 조선 · MRC(9. 23~24), KBS · MRC(11. 26~27), 갤럽 조사(7. 31; 8. 31) 외 한국일보 · 한국리서치 조사

제2국면(국회탄핵가결~2017년 1월 중순): 촛불의 전환, 제도 신뢰의 회복

1) 촛불전환의 계기: 2016년 12월 9일 국회의 탄핵가결

주요 대선 주자들은 한목소리로 '명예로운 시민혁명', '국민명예혁명', '건국명예혁명', '촛불혁명' 등의 찬사로 국회탄핵가결 및 헌재 탄핵절차를 뒷받침했다. 국민 여론도 촛불과 탄핵의 요구를 반영한 '국회의 대통령 탄핵안' 통과에 매우 긍정적으로 반응했다. 2016년 국회의 박근혜 대통령 탄핵가결 직후 실시한 여론조사 결과에 따르면, 국회탄핵가결에 대해 85%가 "잘한 일"이라고 평가했다. 2004년 3월 21일 노무현 대통령에 대한 국회탄핵반대 촛불보다도 강한 지지를 받았다(〈그림 12〉,〈그림 13〉).

〈그림 12〉 2004년 국회 대통령 탄핵가결 (%)

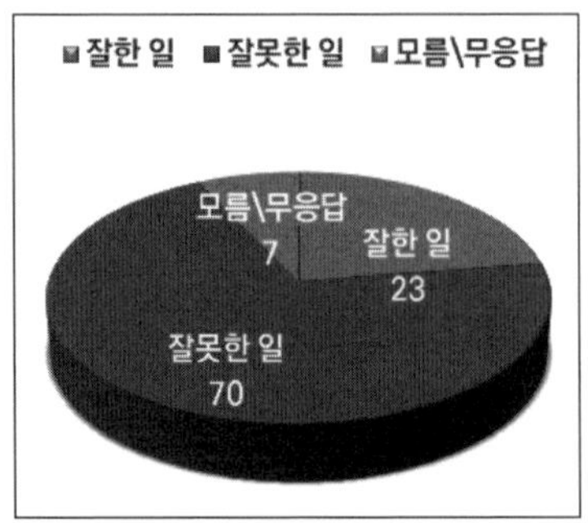

자료: MBC · 한국리서치
(2004. 3. 21. n=1,205)

〈그림 13〉 2016년 국회 대통령 탄핵가결 (%)

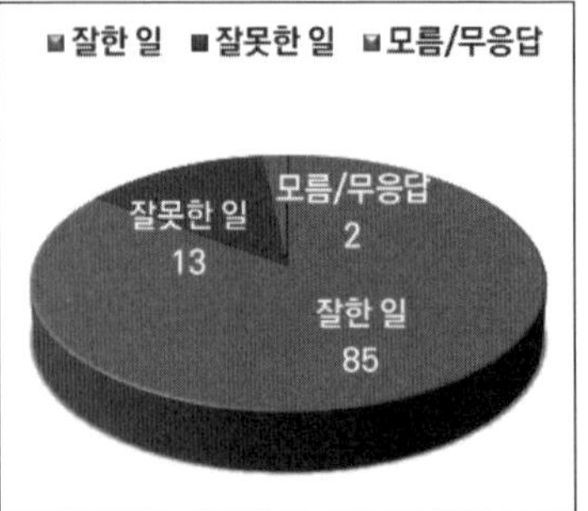

자료: 한국일보 · 한국리서치
(2016. 12. 9~10. n=1,000)

탄핵가결에 대한 평가가 85%라는 것은 '사실상의 만장일치'로 볼 수 있는 이례적인 수치다. 일반적으로 특정 사안에 대한 여론 분포에 대한 해석에서 특정 입장이 50% 초과하고 60% 미만일 때 '다수 의견(majority)'이 형성되었다고 평가하고, 60~79% 사이일 경우 일정한 '사회적 합의(social consensus)'가 형성되었다고 본다. 특정 입장에 대한 지지가 80%를 상회하면 "사실상의 만장일치(virtual unanimity)'로 해석해도 큰 무리는 없다(표4, Kullberg and Zimmerman 1999, 337).

〈표 4〉 여론 분포로 본 사회적 합의 수준 구분

분류	원문	분류 기준
다수 여론	majority	50% 초과 ~ 60% 미만
사회적 합의	consensus	60% 이상 ~ 79% 사이
사실상 만장일치	virtual unanimity	80% 이상

출처: Kullberg and Zimmerman(1999)를 필자가 정리

2004년의 탄핵과 비교해보면 국회탄핵안을 가결시킨 새누리당에 반대해 탄핵반대 대규모 시위가 진행되고, 곧이어 실시한 제17대 총선에서 열린우리당의 압승으로 끝이 났다. 이후 헌재는 탄핵 불인용 결정을 내렸다. 반면 2016년 촛불의 직접 참여의 열기는 국회의 탄핵가결과 헌재의 탄핵인용이라는 제도 내 절차를 거쳐 2017~2020년까지 보수정권에 대한 심판으로 이어졌다. 2004년

탄핵은 촛불(광장정치) → 총선(선거정치) → 헌재(사법적 판단) 순으로 종료된 반면, 2016년 탄핵은 촛불(광장정치) → 헌재(사법적 판단) → 총선(선거정치) 순으로 전개된 것이다.

이러한 차이에도 불구하고, 제도정치의 불신에서 분출된 촛불은 선거제도와 사법제도(헌법재판소의 탄핵판결)를 통해 제도정치로 수렴되고, 제도정치의 정상화로 귀결되었다는 점에서 공통적이다. 2016년 촛불에서 제도정치로 전환된 결정적 계기는 국회에서의 탄핵가결이라고 볼 수 있다. 초유의 국정농단 사태의 충격에 제도정치 내에서의 제대로 된 진상규명과 문책이 이루어질지, 이후 어떻게 국정을 정상화해야 할지 제도권의 혼란이 커지며 시민들이 직접 나섰다. 시민들의 민의는 '대통령 탄핵'이라는 해법을 제시하고, 촛불로 압박했으며, 이를 기준으로 정치권이 반응하면서 우여곡절 끝에 대통령 탄핵을 가결하게 되었다. 시민들은 국정농단 사건의 발발 이해 처음으로 제도정치에 지지를 보냈다. 이러한 제도정치에 대한 신뢰회복은 광장의 정치에서 국회청문회, 특검 및 검찰의 수사, 탄핵재판 등의 탄핵절차와 차기 대선이라는 제도정치로 시민들의 관심이 차츰 무게중심을 이동하기 시작했다.

2) 촛불정치에서 제도정치로 전환:시민들의 안정/통합 희구심리와 문정부'혁명예찬'의 괴리

12월 11일 검찰의 최종 수사 결과 발표, 국회에서의 청문회(12월 6~7일, 14~15일, 22일), 박영수 특검의 수사 개시(12월 21일)가 시작되었다. 대통령의 국정농단과 헌정질서 유린에 대한 문책이 어려워 보이자 시민들은 광장으로 모여 정치적으로 압박했지만, 국회와 수사기관, 즉 제도가 작동하기 시작하자 직접행동의 힘은 약화되기 시작했다. 촛불참여는 급격히 감소하고 제도에 대한 위임이 커지기 시작했다. 점차 촛불정국에서 대선정국으로 조금씩 정국의 무게중심이 이동하기 시작했다. 촛불의 제도대체적/혁명적 특성 대신 헌정질서의 복원과 제도 정상화의 엄호 국면으로 전환되기 시작한 것이다.[11] 앞의 〈그림 7〉의 촛불참여 인원 변동을 보면 역시 촛불동력이 급격히 감소한 것은 국회에서 대통령 탄핵안 가결(12/9) 직후부터다. 탄핵 전 6차 촛불에서 232만 명이 참여했지만, 탄핵 직후인 12월 10일 7차 촛불에서는 104만 명으로 급감한다. 탄핵된 헌법재판소의 탄핵심판 준비기일(1차 12월 22일, 2차 12월 27일, 3차 12월 30일), 변론기일(2017년 1월 3~5일) 등 탄핵절차가 안정적으로 진행되면서 촛불시위 참여자 수가 급감했고, 제12차 대회(2016/01/14)에는 14만 명 수준까지 떨어졌다. 제도의 작동에 대한 신뢰가 직접참여의 동기를 약화시킨 것이다.

컨버스(Converse 1972)와 발취(Balch 1974)는 정치효능감 개념을 "스스로 정치과정에 영향을 미칠 수 있다"라는 자신감(confidence)을 의미하는 '내재적 효능감(internal efficacy)' 개념과 "정부나 정치체제가 유권자들의 요구에 반응할 것"이라는 믿음을 의미하는 '외

11) "'탄핵 정국'과 맞물린 '대선 정국'"(시사저널 2016/12/13)

재적 효능감(external efficacy)=정치신뢰(political trust)'으로 구분했다(박종민 1994; 송경재 2011; 유태건 2011; 허석재 2015). 기존 연구에서 내재적 효능감과 외재적 효능감(정치신뢰)이 정(+)의 관계일 때 투표 참여를 강화시킨다는 '강화가설'(〈표 5〉의 유형Ⅳ)을 지지하지만, 항의시위 같은 비제도적/비투표 참여의 경우 양자의 관계가 부(-)의 관계(〈표 6〉), 즉 "내재적 효능감은 큰데 외재적 효능감(정치신뢰)이 낮은 조합(high efficancy-low trust)'이 항의정치에 대한 참여동기를 높인다는 입장이 제기되어왔다(〈표 5〉의 유형Ⅲ, Erison and Tedin 2005; 정한울 · 이곤수 2013; 허석재 2015).[12)]

〈표 5〉 집회시위 등 항의 참여(protest participation)를 설명하는 이론적 모델

정치신뢰(외재적 효능감) / 정치효능감(내재적 효능감)	정치불신(낮은 외재적 효능감)	정치신뢰(높은 외재적 효능감)
낮은 정치효능감 (낮은 내재적 효능감)	유형Ⅰ. 비참여 - 무기력/냉소 (비참여)	유형Ⅱ. 위임 모델-무관심 (위임/ 관습적-비자발적 참여)
높은 정치효능감 (높은 내재적 효능감)	유형Ⅲ. 항의참여 모델-소외 (집회/시위 등 비관습적 참여) (Dalton 1996)	유형Ⅳ. 자발적 시민참여 모델 (투표 등 관습적 참여) (Verba et al. 1995)

출처: 정한울 · 이곤수(2013, 221)

12) '높은 내재적 효능감- 낮은 신뢰' 조합의 영향이 실증연구에서 일관되게 뒷받침되지 않는다는 점에서 엄밀한 추가 검증은 필요해보인다(허석재 2015).

〈표 6〉 내재적 효능감과 외재적 효능감 조합이 참여형태별 미치는 영향에 대한 이론적 가설

구분	독립변수의 교차유형		종속변수에 미치는 영향의 방향	
	정치효능감 (내재적 효능감)	정치신뢰 (외재적 효능감)	선거(투표) 참여	비선거(비투표) 항의 참여
강화모델	+	+	+	+
	+	+	+	+
격차모델	+	-	-	+

출처: 정한울 · 이곤수(2013, 226)

3) 촛불민심은 급격한 '혁명' 아닌 '제도의 정상화'였다

보다 면밀한 실증 모델을 통해 검증해야겠지만, 6차 촛불집회가 끝나고 국회탄핵가결 직후 12월 9~10일에 실시한 한국일보·한국리서치 〈촛불탄핵인식조사〉 촛불참여 비율을 비교한 것이 다음 〈그림 14〉다.[13] 위의 모델처럼 내재적 효능감은 높은데 외재적 효능감은 낮은(강한 정치불신) 내고-외저 격차 유형(유형Ⅲ에서 항의의 촛불참여에 가장 적극적이었고(불참 64%), 반대로 내재적 효능감은 높은데 외재적 효능감이 높은 내저-외고 위임형 유권자층에서 촛불참여가 가장 낮았다(유형Ⅱ, 불참 90%). 흥미로운 점은 투표참여 등 제도참여에서는 강한 참여를 선도하는 높은 내재적 효능감-높은 외재적 효능감(내고-외고 유형Ⅳ, 불참 78%)이 촛불참여가 약했고, 반대로 내재

13) 내재적 효능감은 "우리 같은 사람은 정부가 하는 일에 대해 말할 자격이나 능력이 없다"라는 진술에 대한 동의 여부, 외재적 효능감(정치신뢰)은 "우리나라에서는 대다수 국민들의 의사와 상관없이 소수의 사람이 정부와 정치를 좌우한다"라는 진술에 대한 동의 여부로 측정했다. '동의/유보'를 '낮음', 반대를 '높음'으로 코딩했다.

적 효능감은 낮더라도 외재적 효능감이 낮은 내저-외저형(유형 I, 불참 72%)이 내고-외저형 다음으로 촛불참여 빈도가 많았다. 내재적 효능감의 고저보다 외재적 효능감(정치불신) 고저가 촛불집회와 같은 비제도적 항의 참여에 더 강력한 동기부여가 되었음을 보여준다. 소위 정치참여의 자신의 역량에 대해서는 자신감을 갖고 있지만, 정치체제와 행위자들이 제대로 반영하고 있지 못할 경우, 제도정치 대신 광장과 거리의 정치를 찾게 된다는 것을 의미한다.[14)]

〈그림 14〉 내재적 효능감과 외재적 효능감(정치불신) 조합별 촛불참여 경험 (%)

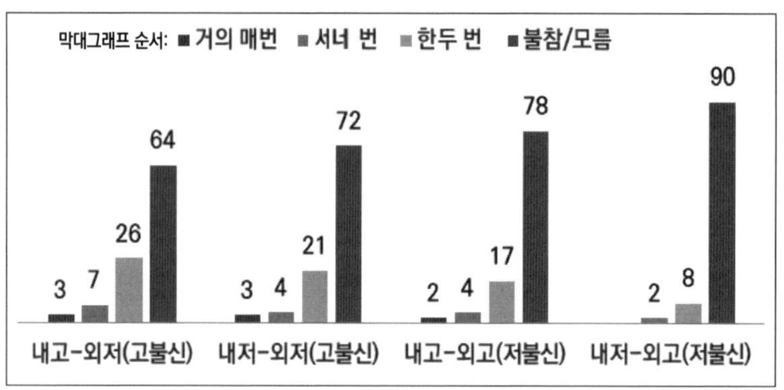

자료: 한국일보 · 한국리서치 1차 대선인식조사(2016. 12. 9~10)

14) 이에 대한 실증적 검증결과는 뒷 절에서 소개한다.

제3국면(2017년 2월~3월 10일 헌재 탄핵 인용): 안티탄핵의 반격, 제도와 촛불의 연합

1월 후반기부터 상황이 다시 반전되기 시작한다. 직무정지된 박근혜 대통령 변호인단의 지연전술로 박 대통령 탄핵소추안 심판이 늦춰지고, 심지어 헌재에서 기각될 가능성까지 제기되었다. 무엇보다 박근혜 대통령이 국회탄핵가결 전후 3차 대국민담화에서 "임기 단축 및 국회에 맡길 것"이라고 발표하고(11/29), 탄핵가결 이후 박근혜 대통령은 정규재 TV와의 인터뷰에서 "특검 조사 임할 것"이라고 밝혀(1/25) 큰 이슈 없이 탄핵절차가 마무리될 것으로 보였다. 그러나 2월부터 상황이 반전된다. 박근혜 대통령 측은 2월 3일 특검의 압수수색을 거부하고, 2월 8일에는 특검의 대면조사도 거부하며 맞서게 된다. 특히 2월 28일로 예정된 특검의 수사 시한 연장에 대해 박근혜 대통령을 대신해 직무대행을 하던 황교안 총리가 특검 연장을 거부하면서 대통령 탄핵에 대한 제도적 해결 전망을 불투명하게 만들었다. 제2국면에서 특검/검찰 수사로 김기춘 비서실장과 조윤선 장관이 구속된 것과 달리 2월 22일 우병우 전 민정수석에 대한 구속영장이 기각되는 등 탄핵 재판에 대한 전망에 대한 불확실성이 커졌다.

〈표 7〉 2017년 3월 1일 이후 태극기 시위 참가(주최 측 추산)

일시	주최 측 추산 태극기시위 참여자	비고
2017년 3월 1일	5,000,000명	- 누적 연인원 경찰 추산: 159,600명 주최 측 추산: 43,551,300명 - 사망자수: 4명
2017년 3월 4일	5,000,000명	
2017년 3월 8~11일	7,700,000명	
2017년 3월 18일	1,500,000명	
2017년 3월 25일	2,300,000명	
2017년 4월 1일	700,000명	
2017년 4월 8일	5,000,000명	

출처: 정한울 · 송경재 · 허석재(2019)

3월부터는 태극기 맞불집회에 대규모 시위대가 참여하면서 탄핵에 대한 반대 여론 조직화 및 백래시의 가능성이 제기되기 시작했다. 특히 이 과정에서 시위참가자 4명이 사망하면서 탄핵을 둘러싼 사회갈등의 수준이 증폭되고 있었다. 〈표 7〉은 역시 주최 측에서 추산한 2017년 3월 10일 헌재 탄핵재판을 앞둔 시점부터 탄핵결정 이후에 상당기간 지속된 소위 '태극기 시위' 참가자 발표자료다. 전후 탄핵에 반대하는 태극기 시위가 급격히 확대되면 촛불집회 못지않은 대중 동원력을 과시하게 된다. 주최 측의 참가자 발표는 누적 추산 4,300만 명에 달할 정도로 상당한 과장 발표였다고 추측되나 헌재 탄핵 재판 전후 3월 8~11일 사이의 태극기 시위에는 촛불집회 못지않은 탄핵반대 참여를 보여주었다.

이러한 상황은 대통령 탄핵에 대한 불안감을 키우며 촛불참여를 다시 강화시켰다.[15] 앞의 〈그림 7〉 탄핵참여 인원은 탄핵 심판기일(3월 10일)을 앞둔 17차(2월 25일), 19차(3월 4일) 촛불시위에는 주최 측 추산 참가자가 다시 100만 명을 넘어섰다. 그러나 이 시기의 촛불참여는 국회탄핵가결 직전 정치권과 제도정치에 대한 불신에 기초해 190만 명, 230만 명이 참여했던 제1국면에 대비해 참여도도 낮을 뿐 아니라, 상당한 제도작동에 대한 신뢰하의 촛불참여라는 점에서 질적인 차이는 존재했다.

무엇보다 탄핵의 불확실성이 높아지고 우려도 높아진 것은 사실이나 그럼에도 탄핵으로 가는 진로에 근본적인 회의가 발견되지는 않는다. 촛불의 참여도는 낮아졌지만, 여전히 100만 명 이상의 시민이 참여하고 있고 1국면과 달리 국회, 특검/검찰 등의 제도가 작동하고 탄핵반대의 정치적 진지인 새누리당이 분열해 탄핵반대의 정치적 구심점은 부재한 상황이었다. 결국 여전히 100만 명이 넘는 촛불참여와 1국면에서는 제대로 작동하지 않았던 제도정치 영역이 연합해 대통령 탄핵을 위해 협력하는 상황이 탄핵에 대한 불안감을 덜어주었을 것으로 추측된다.

첫째, 다음 〈그림 15〉에서 보듯이 제3국면에서의 박 대통령과 친박 세력의 백래시에 의한 불안감은 크게 증가하지 않았다. 불안

15) "“탄핵 심상찮다” 다시 촛불 드는 야권(한국일보 2017/02/08); 민주당, 촛불집회 총동원령… '탄핵위기론' 꺼내 지지층 결집(동아일보 2017/02/09); 野 주자는 촛불집회로… 與 주자 태극기집회로(국민일보 2017/03/02); "'탄핵심판 운명의 1주'…대선 정국 긴장감 고조"(연합뉴스TV 2017/03/05)

감은 오히려 제1국면인 국회탄핵가결 직전이 최고조였다. 2016년 11월 25~26일 조사에서는 "탄핵될 것"이라는 응답이 48%에 그친 반면 "안 될 것"이라는 비관 20%, "아직 모르겠다"라는 유보적 태도도 32%나 되었다. 제2국면으로 접어드는 시점인 국회탄핵가결 직후 12월 9~10일 조사에서는 "탄핵될 것"이라는 응답이 62%까지 상승한다. 제도가 작동한다는 신뢰를 구축한 계기였던 것이다. 제3국면 백래시 국면인 2월 24~25일 조사에서는 "탄핵될 것"이라는 낙관이 국회탄핵가결 직후보다는 감소했지만, 여전히 58%로 다수가 박근혜 대통령의 탄핵을 자신하고 있었다. 둘째, 〈그림 16〉을 보면, 여전히 탄핵에 대한 여론과 촛불집회에 대한 공감이 워낙 강했다. 2016년 11월 조사에서 "촛불집회에 대해 얼마나 공감하는지" 질문한 결과 73%가 "매우 공감한다"라고 답하고, 11%가 "대체로 공감한다"라고 답해 84%가 "공감"하는 것으로 나타난 바 있다. 앞의 〈그림 6〉에서 본 것처럼 촛불집회 참가자 수의 변동과 무관하게 촛불 초기부터 헌재 판결을 앞둔 제3국면의 시기까지 "탄핵해야 한다"라는 여론이 일관되게 79~81%의 압도적인 지지가 유지되었다. 셋째, 태극기 부대에 대한 강한 반감도 꾸준히 확인되었다. 동원력 자체로는 촛불 못지않은 참여가 있었던 태극기집회였지만, 촛불집회와 달리 여론의 공감을 거의 얻지 못했다. 〈그림 16〉에서 2017년 4월 대선 D-20 시점에 조사한 실시한 동아시아연구원·한국리서치(EAI KEPS) 1차 패널조사에서 "태극기집회에 어떻게 생각하는지" 질문한 결과 "매우 호감" 4%, "대체로 호감 9%"로 긍정적

응답은 13%에 불과했다. "별로 호감이 가지 않는다" 17%에 "매우 호감이 가지 않는다"라는 비율이 69%로 매우 강한 비토 여론이 확인되고 있었다.

촛불집회나 태극기집회 같은 항의시위의 성공 여부를 주로 시위에 참여한 동원력을 기준으로 평가하지만, 그 영향력은 집회참여자의 규모 못지않게 전체 여론의 지지와 공감도를 고려해야 한다. 태극기집회의 참여 인원과 4명이 사망할 정도로 불안정한 정서가 표출되었지만, 태극기집회는 다수 시민들의 공감을 얻는 데 실패했기 때문에 탄핵 정국을 되돌릴 결정적 변수가 되기에는 부족했다. 촛불집회도 참여인원, 지속기간 등도 촛불을 평가하는 주요지표이기는 하나 촛불집회가 당시 정국을 좌우한 변수가 될 수 있었던 것은 전체 국민의 80%가량이 탄핵에 대해 흔들림 없는 지지를 보냈기 때문이다.

〈그림 15〉 탄핵가결에 대한 전망 (%)

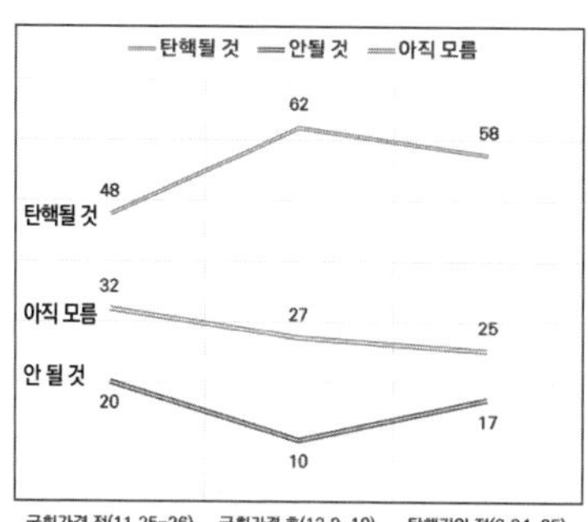

자료: KBS · MRC(2016. 11), 한국일보 · 한국리서치(1차, 2차)

〈그림 16〉 촛불/태극기집회 호감/공감도 (%)

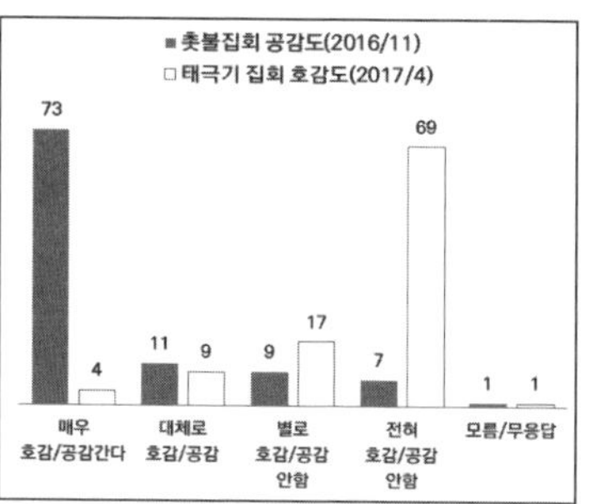

자료: KBS · MRC(2016. 11), EAI KEPS 패널조사(2017. 4)

촛불의 전환(헌재 탄핵~대선): 촛불민의에 대한 오해의 시작

촛불 이후의 진로: 혁명이냐? 제도의 복원이냐?

3월 10일 헌법재판소의 탄핵인용 판결로 대통령 탄핵이 최종 확정되고, 3월 30일에는 박근혜 대통령이 구속되었다. 박근혜 대통령에 대한 탄핵은 당시 시민들 다수의 합의이자 촛불집회의 핵심 목표였다. 〈표 8〉은 제1차 촛불집회부터 제23차 최종 촛불집회까지의 대회 명칭과 핵심구호를 정리한 것이다.

〈표 8〉 촛불집회의 명칭과 슬로건

	차수	일시	촛불집회의 명칭과 구호
제1국면	1차	2016년 10월 29일	모이자! 분노하자! 내려와라 박근혜! 제1차 촛불집회
	2차	2016년 11월 05일	모이자! 분노하자! 내려와라 박근혜! 제2차 촛불집회
	3차	2016년 11월 12일	모이자! 분노하자! 내려와라 박근혜! 제3차 범국민행동의 날
	4차	2016년 11월 19일	모이자! 광화문으로! 밝히자! 전국에서! 박근혜 퇴진 제4차 범국민행동의 날
	5차	2016년 11월 26일	200만의 촛불, 200만의 함성 박근혜 즉각퇴진 제5차 범국민행동의 날
	6차	2016년 12월 03일	박근혜 즉각 퇴진의 날 제6차 범국민행동의 날
	7차	2016년 12월 10일	안 나오면 쳐들어간다. 박근혜 정권 끝장내는 날 제7차 범국민행동의 날
제2국면	8차	2016년 12월 17일	끝까지 간다! 박근혜 즉각퇴진, 공범처벌-적폐청산 제8차 범국민행동의 날
	9차	2016년 12월 24일	끝까지 간다! 박근혜 즉각퇴진 조기탄핵 적폐청산 제9차 범국민행동의 날
	10차	2016년 12월 31일	박근혜 즉각퇴진! 조기탄핵! 적폐청산! 송박영신 제10차 범국민행동의 날
	11차	2017년 01월 07일	세월호 1000일, 박근혜 즉각퇴진! 황교안 사퇴!적폐청산! 제11차 범국민행동의 날
	12차	2017년 01월 14일	박근혜 즉각퇴진! 조기탄핵! 공작정치주범 및 재벌총수 구속! 제12차 범국민행동의 날
	13차	2017년 01월 21일	내려와 박근혜! 바꾸자 헬조선! 설맞이 촛불 제13차 범국민행동의 날
제3국면	14차	2017년 02월 04일	박근혜 2월 탄핵, 황교안 사퇴, 공범세력 구속, 촛불개혁 실현 제14차 범국민행동의 날
	15차	2017년 02월 11일	천만촛불 명령이다! 2월 탄핵! 특검연장! 박근혜 황교안 즉각 퇴진, 신속탄핵을 위한 제15차 범국민행동의 날
	16차	2017년 02월 18일	탄핵지연 어림없다! 박근혜 황교안 즉각퇴진! 특검연장! 공범자 구속을 위한 제16차 범국민행동의 날
	17차	2017년 02월 25일	박근혜 탄핵·구속! 특검 연장! 박근혜 4년, 이제는 끝내자! 2·25 전국집중 제17차 범국민행동의 날
	18차	2017년 03월 01일	박근혜 구속 만세! 탄핵인용 만세! 3·1절 맞이 박근혜 퇴진 제18차 범국민행동의 날
	19차	2017년 03월 04일	박근혜 없는 3월, 그래야 봄이다! 헌재 탄핵인용! 박근혜 구속! 황교안 퇴진! 제19차 범국민행동의 날
	20차	2017년 03월 11일	촛불과 함께 한 모든 날이 좋았다 모이자! 광화문으로! 촛불승리를 위한 제20차 범국민행동의 날
촛불정리기	21차	2017년 03월 25일	박근혜 구속! 황교안 퇴진! 공범자 처벌! 사드 철회! 세월호 진상규명과 책임자 처벌! 제21차 범국민행동의날
	22차	2017년 04월 11일	세월호참사 미수습자 수습과 철저한 선체 조사, 책임자 처벌 철저한 박근혜 수사와 처벌, 공범자 구속, 적폐청산 세월호 3주기 제22차 범국민행동의날
	23차	2017년 04월 29일	"광장의 경고! 촛불민심을 들어라" 새로운 대한민국 위한 촛불개혁과제 촉구 세월호 · 사드철회 · 언론개혁 · 재벌특혜 · 노동개악 · 국정역사 교과서 등 적폐청산 촉구 제23차 범국민행동의 날

자료: 이윤경(2019, 99 표2), 필자의 검색 취합

제1차부터 20차 헌법재판소 재판 직후까지 "박근혜 퇴진과 탄핵"은 일관된 핵심 구호였다. 따라서 헌법재판소의 탄핵결정은 2016년 10월부터 진행된 촛불집회의 핵심목표가 실현됨으로써 촛불은 소기의 목적을 달성한 셈이다. 그 결과 탄핵인용 결정에 대해서는 압도적인 지지가 확인되었다. 〈그림 17〉의 탄핵인용 결정 직후 3월 10~11일 서울경제·한국리서치의 조사 결과를 보면, 헌법재판소의 헌재 탄핵결정에 대해 사실상의 만장일치에 준하는 응답자의 80%가 "잘한 일"로 긍정평가했고, "잘못했다"라는 응답은 10%, "모르겠다"라는 응답은 10%에 그쳤다. 또한 탄핵이 한국사회에 어떠한 영향을 미칠 것으로 보는지에 대해서도 "바람직한 방향으로 영향을 미칠 것"이라는 긍정적 기대가 68%로 압도적이었고 "차이가 없을 것"이라는 응답이 25%, "바람직하지 않은 방향으로 영향을 미칠 것"이라는 부정적인 응답은 7%에 불과했다. 탄핵인용에 대한 사실상의 만장일치에 가까운 사회적 합의에 기초했음을 보여준다.

헌재의 탄핵, 박근혜 대통령의 구속으로 박근혜 탄핵이라는 촛불의 핵심목표가 달성이 되자 '촛불'의 이후 진로를 둘러싼 입장차이가 발생했다. 촛불집회를 이끌었던 주최 측과 사회운동 일각은 촛불의 동력을 사회구조적 대개혁으로 연결하려는 '촛불혁명'으로의 진로로 이끌려고 했다. 그러나 촛불에 참여했던 시민들 다수와 전체적인 여론은 본격적으로 제도의 정치, 특히 대통령 선거국면으로 옮겨가기 시작했다. 제도권에서도 제1국면을 지나 국회탄핵가결 이후 촛불참여는 감소하고, 각 정당 특히 더불어민주당은 급격한 지지율의 상승을 계기로 본격적인 경선 국면으로 넘어가게 되었다.

〈그림 17〉 헌재 탄핵 판결에 대한 평가 (%) 〈그림 18〉 탄핵인용 결정의 사회적 영향 (%)

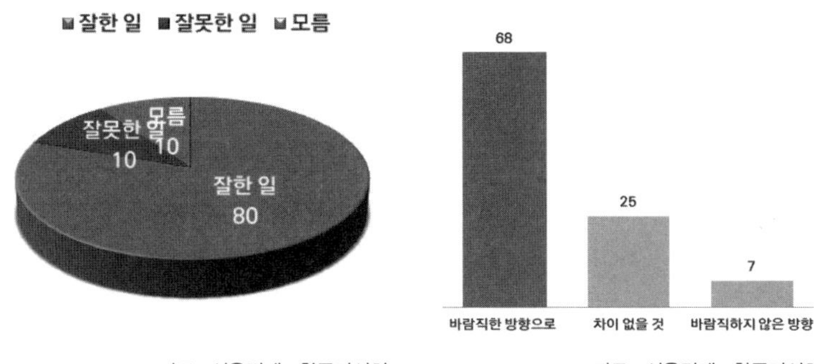

자료 : 서울경제 · 한국리서치
(2017. 3. 10~11. 1,000명)

자료 : 서울경제 · 한국리서치
(2017. 3. 10~11. 1,000명)

'촛불혁명'의 오해: 사회개혁의 합의 부재 및 Unequal Voices

1) 촛불 이후 진로를 둘러싼 이견: '촛불혁명론' 대 '제도복귀론'

우선 촛불을 이끌던 '퇴진행동'(촛불주최기관)과 이를 주도하던 사회운동 일각에서는 '촛불'을 사회혁명으로 발전시켜야 한다는 입장이었던 것으로 보인다. 구 정부를 탄핵시키기 위한 촛불행동을 유지하면서 '혁명' 규정에 못 미치던 정치사회적 구조개혁으로 촛불을 발전시키고자 했다(손호철 2017; 정상호 2018). 국회탄핵을 계기로 대통령 탄핵은 '미완의 혁명'이며, 촛불의 참여열기를 명실상부한 정치사회적 구조개혁을 끌어내야 완성된다는 주장이다.[16] 이러한 '혁명적' 구상은 촛불집회의 목표와 가치를 집약적으로 보여주는 촛불집회의 명칭과 핵심구호에서 확인된다.

앞에서 소개한 〈표 8〉을 보면 촛불의 제도권 내 논의를 뛰어넘는 일관된 대통령 퇴진과 탄핵을 요구했던 제1국면의 촛불집회는 말 그대로 "내려와라 박근혜"라는 "박근혜 퇴진"으로 집약되었다. 국회에서 대통령 탄핵이 가결되고 촛불에서 제도로의 관심이 시작된 제2국면에는 촛불의 참여동력은 감소하는데 촛불의 목표는 '촛불혁명'의 완수를 위한 큰 사회개혁의 과제들과 대의제를 뛰어넘는 목표들이 가세하기 시작한다. "박근혜 퇴진, 조기 탄핵"과 "공범처벌" 등 국정농단에 대한 책임과 처벌요구는 일관되게 유지되었지만, 직무대행인 "황교안 즉각 퇴진"이라는 강한 주장이 등장했다. 국정농단으로 표출된 "적폐청산" 및 사회경제적 불평등의 문제와 연계된 "재벌총수 구속", "바꾸자 헬조선" 같은 정치사회적 개혁과제들을 집회의 목표로 담기 시작했다. 다른 한편으로는 '시민의회', '국민의회', '촛불경선' 등 기존의 대의제도를 보완대체하는 '혁명적(?) 제도' 구상들이 제기되기도 했다(윤상철 2019; 손호철 ·

16) "꺼지지 않는 촛불 "아직, 바꿔야 할 게 많다""(경향신문 2016/12/11); "탄핵 이후 촛불의 진로"(한겨레 2017/02/27)

김호기 2017).[17] 그러나 이러한 구상들은 제2국면과 제3국면으로 접어들며 박근혜 대통령과 친박의 반발이 강화되자 사회혁명적 목표들 대신 "박근혜 탄핵과 구속", "특검연장" 등 탄핵 자체와 사법처벌의 요구에 집중했고, 특검연장 요구를 거부하며 탄핵의 전망을 어둡게 했던 황교안 직무대행을 타깃으로 "황교안 퇴진" 구호가 새롭게 강화되기 시작했다.

헌법재판소에서 탄핵인용 결정이 나오고 나서 촛불주최 측과 사회운동 일각에서 본격적으로 촛불을 사회대개혁으로 연결하는 사회혁명적 진로를 촛불의 목표에 담기 시작했다. 탄핵 이후 열린 21차(3월 25일), 22차(4월 11일), 23차(4월 29일) 세 차례 촛불집회에서 주최 측과 이를 주도하는 사회단체들은 "박근혜 수사와 처벌"을 넘어 "세월호 진상규명과 책임자 처벌", "사드철회", "언론개혁", "재벌특혜", "노동개악", "국정역사 교과서 문제" 등 다양한 개혁 이슈와 상이한 차원의 과제들을 "적폐청산"이라는 추상적 개념으로 묶어 촛불집회의 목표로 제시했다. 특히 대선 전 마지막 촛불집회를 주최한 퇴진행동 대표자회의 참가자 일동 명의로 발표한 "광장의 경고! 촛불민심을 들어라" 기자회견문을 보면 "19대 대선은 촛불에 의해 이루어지는 촛불 대선으로, 촛불의 민의에 따라 박근

17) 그러나 이러한 대의제도의 기본 구조를 뛰어넘는 직접민주주의적 제도들에 대해서는 시민들은 물론, 정치권 내에서도 이렇다 할 반향을 일으키지 못했을 뿐 아니라 일부 제안은 시민들의 상당한 반발로 중단되기에 이르렀다. "온라인 시민의회 '촛불 세력화' 반발에 중단"(KBS 2016/12/12); "'와글' 시민의회 제안, "안장질" 비난에 잠정 중단"(한겨레 2016/12/11); "민주당, 국민의당, 촛불시민혁명대헌장 일부조항 서명에 난색"(한국NGO신문 2017/04/26).

혜 정권의 적폐를 청산하고, 전면적 사회대개혁을 수행할 새로운 정부를 수립하기 위해 시행되는 것"이라고 밝힌 바 있다.[18]

2) 촛불혁명론의 오해: 직접민주주의는 항상 정당한가, 'Unequal Voices'의 딜레마 주목해야

문재인 정부와 더불어민주당이 생각한 '촛불 민주주의'는 대체로 대의제의 심화보다는 '직접민주주의'나 '시민들의 직접 참여형' 민주주의로 보았던 것 같다. 첫째, 마치 촛불과 대통령 선거와의 관계를 마치 촛불은 주권자의 의지이고, 선거로 표출된 대표와 제도는 촛불의 '진정한' 민의를 "받들어야 할" 수단이나 도구처럼 설정하고 있는데, 이에 대해 얼마나 많은 시민이 공감할지 의문이다. 이러한 관점은 '대의 민주주의'를 '직접민주주의'가 대체해야 할 구조적 문제의 원인으로 보거나 최소한 광장에 직접 표출된 직접민주주의의 수단이라는 인식을 전제한다. 둘째, 앞서 여론조사 결과들에서 보았지만, 촛불집회의 정당성과 위력은 그 규모나 지속기간의 크기나, 광장에 참여한 시민들의 직접민주주의적 측면보다는 시민사회 구성원들 대다수의 요구를 대표하고 있었다는 점에서 찾아야 한다. 즉, 촛불집회가 높게 평가받을 부분은 제도가 작동하지 못했을 때 시민 다수가 원했던 "박근혜 탄핵"으로 제도권의 반응을 끌어내고 탄핵에 대한 반격을 억제하는 역할을 했다는 점이

18) "[보도자료] 광장의 경고, 촛불민심을 들어라 퇴진행동 대표자 기자회견"(박근혜 퇴진행동 2017/04/20)

다. 셋째, 촛불집회 주최 측에서 제시한 촛불이 나아가야 할 사회대개혁 과제들이 새로 선출될 대통령이나 의회 대표자들이 맹목적으로 '받들어야 할' 정당성 있는 과제들인지 의문이다.

앞에서 국회탄핵 가결과정에서 더불어민주당 등 정당들의 역할과 탄핵과정에서 헌재탄핵 인용으로 가는 과정에서 국회청문회, 특검/검찰 수사, 헌법재판소 등의 제도적 역할을 빼놓을 수 없다. 더불어민주당을 포함한 정당들과 같은 제도의 행위자들이나, 특히 선거라는 주권자의 위임으로 탄생한 대의정부가 '촛불'이라는 상징적 개념으로 대표되는 주체의 뜻을 '받들거나' 일방적으로 '명령에 따라야 한다'라는 인식은 여러 의견 중의 하나일 뿐이다. 관점에 따라 이를 주인과 대리인의 수직적 관계로 볼 수 있고, 반대로 정당성의 차원에서는 '선거제도'나 '민주적 정치과정'으로 부를 수 있는 등의 의견수렴 절차나 주권위임 절차를 우선하는 관점도 가능하다. 혹은 '대의제'와 '직접민주주의'를 공존가능한 보완관계로 설정하는 입장도 존재할 수 있다. 사실 촛불탄핵 이후 문재인 후보와 더불어민주당 지지율이 급상승한 것은 제도정치의 정상화와 안정화를 주도할 힘을 대통령과 민주당에 위임해준 과정으로 이해할 수 있다.

'촛불'이 민주적 절차를 복원하며 대통령 탄핵을 이끄는 제도적 과정에 사회적 압력을 행사하는 과정에서 중요한 역할을 했고, 다수의 시민들이 참여한 유례없는 시민행동이었다는 점은 분명하다. 그러나 '촛불'은 아래로부터의 직접민주주의의 장이라는 점을 상조해 "선거"라는 제도를 통해 주권자가 주권 위임을 통해 선출한 대표들의 정당성을 하위 도구로 설정할 수 있는지 의문이다. 선거로 선출했다고 '시민들의 대표'가 '시민 전체의 민의'를 정확하게 대표하는 것이 아니듯, '촛불집회의 요구' 자체가 시민전체의 민의를 대변하는 것도 아니다. 광장의 정치가 아래로부터 시민행동이라고 해서 무조건 정당화되는 것이 아니라 광장으로 표출된 요구가 "탄핵 시위처럼" 실제 시민들의 민의를 제대로 반영할 때 권위와 정당성을 갖게 되는 것이다. 대의제도에 한계가 있는 직접민주주의적 시민행동 역시 근원적인 한계가 있다.

무엇보다 촛불이라는 광장의 정치공간에 대한 참여도 모두에게 열린 참여의 공간이 아니다. 〈그림 19〉와 〈그림 20〉은 동아시아연구원·한국리서치의 2017 KEPS 대선패널조사 1차 조사에서 전체 촛불참여 여부와 회수에 대해 답한 결과다. 전체 성인유권자의

〈그림 19〉 최종 촛불집회 참여 경험 (%)

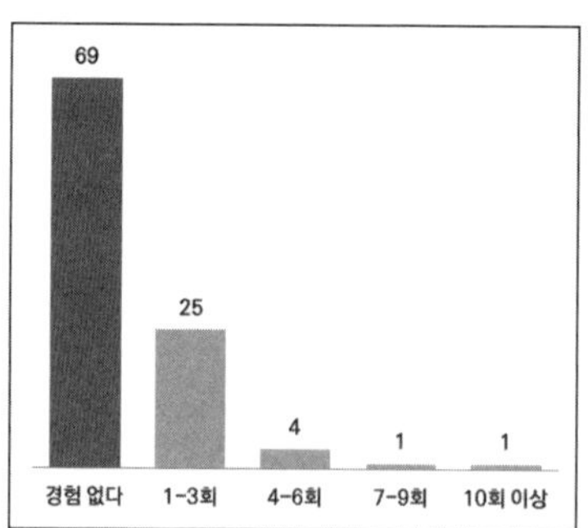

자료: EAI · 한국리서치 패널조사
(2017. 4. 18~20. 1,157명)

〈그림 20〉 촛불참여 여부와 촛불공감도 (%)

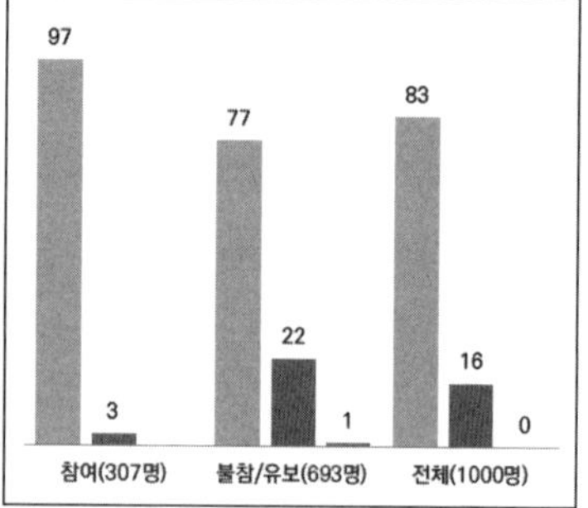

자료: 한국일보 · 한국리서치
(2016. 12. 9~10. 1,000명)

30% 전후가 촛불에 참여한 경험이 있다고 할 정도로 유례없는 대규모 시민참여임에는 분명하다. 〈그림 19〉를 보면 세계가 주목할 정도의 대규모 시민행동이기는 하지만, 사실 실제 참여자는 전체 국민의 30% 전후였다. 동아시아연구원(EAI)과 한국리서치가 2017년 4월 18~20일에 실시한 패널조사에서 전 차수에 참여한 1,157명의 촛불집회에 참여한 경험을 물어본 결과, 탄핵에는 동의하지만 실제 촛불집회에 참여해본 경험은 상대적으로 소수에 그쳤다. 응답자의 69%는 참여하지 않았다고 답했고, 1~3회 참석 경험자가 25%, 4~6회 참석했다는 응답이 4%, 7~9회, 10회 이상 참석했다는 응답은 각각 1%로 나타났다. 2012년 동아시아연구원 〈국정소통인식 조사〉에서 응답자들이 "평생 집회에 참여한 경험이 있는지" 조사 결과, 전체 응답자의 12.1%만이 집회시위에 참여해본 경험이 있다고 답했다(정한울 · 이곤수 2013). 그러나 촛불집회에 연인원 30% 전후의 응답자들이 참여했다는 것은 그 자체로 이례적인 대규모 시민참여였다고 할 수 있다(이지호 외 2017). 그러나 유례없는 대규모 직접 시민행동이었음에도 실제 참가자는 과반에 크게 못 미쳤다. 물론 "박근혜 대통령 탄핵" 촛불집회의 경우, 전 국민의 80% 이상이 동의한 목표를 위한 행동이었다. 또한 〈그림 20〉처럼 촛불에 참여하지 않은 사람들 중에서도 77%가 촛불집회에 공감을 표했다는 점에서 촛불 참여가 과반을 넘지 않는다는 점이 당시 촛불집회의 정당성을 훼손하지 않는다.

그렇다고 촛불집회 같은 대규모 직집행동이라도 무조건적으

〈그림 21〉 집단별 촛불참여 경험

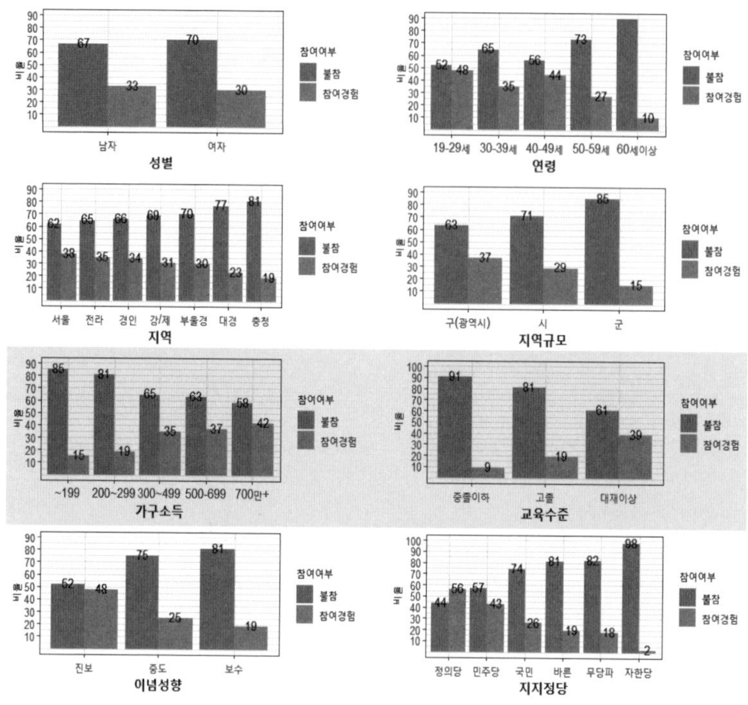

자료: EAI · 한국리서치 KEPS 패널조사 1차 (2017.4. n=1,157)

로 정당화되는 것은 아니다. 서구 선진민주주의의 시민참여 연구들을 보면 '선거'와 같은 '(대의)제도적 참여'는 물론 촛불집회처럼 시민들이 직접참여하는 시민행동에서도 저학력, 저소득층 등 사회적 취약계층들이 배제되는 현상이 발견되어왔다(APSA Task Force Report 2004; Dalton 1996; Schlozman et al. 2012; Verba et al. 1995). 한국에서도 이러한 '불평등 참여(Unequal voices)'의 딜레마가 발견되어왔다. 이러한 딜레마는 이미 한국에서도 확인되어온 바다. 1987~2008년까지 언론에 노출된 집회시위의 주최기관을 보면, 민주화 초기에는 생산직 노동자, 농민, 빈민 등 사회적 하위계층이 집회 시위의 주요 참여자였으나 2000년대 들어오면서 화이트칼라와 공공부문 종사자들이 주도하는 집회시위가 늘어났다(김선혁 외 2008. 7).

〈그림 21〉을 보면 2016~2017년 촛불집회에서도 이러한 경향성이 뚜렷하다. 인구학적으로 세대별, 지역별, 지역규모별 참여는 불균등하다. 정치성향으로 보면 진보/더불어민주당/정의당 등 진보성향 정당 지지층일수록 촛불참여에 적극적이었고, 반대로 자유한국당과 바른미래당, 국민의당 지지층에서 참여율이 낮았다. 특히 저소득, 저학력층에서 촛불참여 경험이 낮고, 고소득, 대재 이상의 고학력층일수록 참여 경험이 높았다. 이는 다른 연구들에서도 일관되게 확인된 현상이다(이지호 외 2017; Cho and Hwang 2020).

3) 촛불 이후 진로에 대한 촛불 내부의 이견

촛불은 특히 집회에 참여한 사람들의 참여 동기와 목적은 다양할 수 있다. 따라서 다수가 참여하는 대중집회를 성공하려면 다수가 공감하고 공유하는 목표 설정이 중요하다. 그러나 촛불개혁의 내용으로 제시한 목표 중 '박근혜 탄핵'이라는 최소주의적 목표가 아닌 '적폐청산'의 목표를 구성하는 과제들 중 대부분은 계층, 이념, 집단에 따라 상이한 입장 차이를 갖는 첨예한 갈등 이슈들이다. 촛불개혁의 과제로 제기한 의제 각각이 당장은 촛불민의로 시민들이 합의할 수 없거나, 합의되지 않은 이슈들이라는 점이다. 이미 다수의 시민들과 촛불참여자들은 자신들이 참여한 주목적인 "박근혜 탄핵"이 가시화되고 실제 성사되면서 광장을 떠나 정상정치의 공간으로 이동하고 있어 오히려 큰 문제가 나타나지는 않았으나 만약 촛불초기부터 이러한 과제들을 제기했다면 촛불 내의 균열을 만들어낼 가능성이 컸다.

주최 측에서 이러한 갈등 이슈를 자의적으로 촛불의 민의로 해석하는 것은 촛불민의에 대한 왜곡이며, 사적 전횡이 될 수도 있는 상황이었다. 당장 국회의 탄핵가결 전후 대의제를 보완/대체하겠다는 구상으로 제기되었던 '온라인 시민의회' 시도에 대해 "누가 어떤 자격으로 시민을 대표하느냐", "완장질 하지 마라", "굳이 한 다리 건너 민의를 전달한다는 시민의회라는 기구가 왜 필요한가", "이번 촛불집회는 시민들의 자발적 참여로 이어졌는데 어떤 자격으로 시민대표를 자처하느냐" 등의 반발을 부르며, 중단된 사례를 참조할 필요가 있다(강우진 2019, 125).

같은 맥락에서 주최 측이 제시한 "촛불혁명의 과제"는 누가 무슨 자격으로 설정할 수 있는가라는 반박에 부딪칠 수 있다. 당장 1국면 후반기부터 3국면까지 촛불집회의 목표로 설정한 "황교안 퇴진" 이슈나 "사드배치" 등에 대해서는 이미 촛불정국하에서조차 시민들의 의견이 엇갈리고 있었다. 〈그림 22〉 2016년 12월 9~10일 한국일보 조사에 따르면, 촛불집회의 투쟁 목표로 빈번하게 오른 “황교안 총리 교체”에 대한 조사 결과에서 전체 응답자 1,000명 중 40%만 “임명권자인 대통령이 탄핵되었으므로 교체해야 한다”라고 답했고, 45%는 “교체하면 혼란이 가중되므로 교체하지 말아야 한다”라고 답했다. “촛불집회에 공감 못한다”라는 163명 중에서 85%가 “교체 반대” 입장이었고, “촛불집회에 공감한다”라는 833명 중에서는 “교체해야 한다”라는 응답이 47%로 상대적으로 높았지만, “교체 반대” 입장도 37%, “모름/무응답” 유보도 16%로 상당한 온도차이가 확인되었다. 탄핵본부에 강조한 “사드배치” 철회 요구의 경우 2017년 3월에 실시한 KBS·연합뉴스·코리아리서치 2,000명 조사에 따르면, 주최 측의 기대와 달리 “사드배치에 찬성한다”라는 입장이 52%로 과반을 넘었고, “사드배치 반대” 입장은 35%에 그쳤다. “응답유보”도 14%였다(〈그림 23〉).

〈그림 22〉 촛불 공감여부와 황교안 교체 (%)

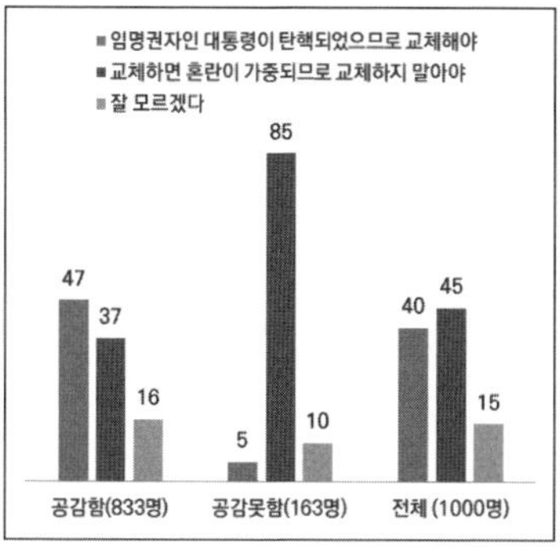

■ 임명권자인 대통령이 탄핵되었으므로 교체해야
■ 교체하면 혼란이 가중되므로 교체하지 말아야
■ 잘 모르겠다

	임명권자인 대통령이 탄핵되었으므로 교체해야	교체하면 혼란이 가중되므로 교체하지 말아야	잘 모르겠다
공감함(833명)	47	37	16
공감못함(163명)	5	85	10
전체 (1000명)	40	45	15

자료. 한국일보 · 한국리서치
(2016. 12. 9~10. 1,000명)

〈그림 23〉 사드배치에 대한 태도 (%)

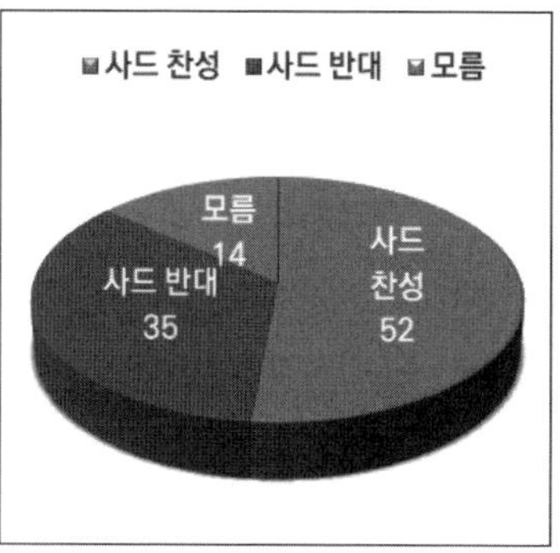

자료. KBS · 연합뉴스 · 코리아리서치
(2017. 3 12. 2,046명)

주최 측에서는 '촛불의 명령'처럼 강조했지만, 오히려 시민들 다수의 의견과 배치되거나 촛불을 공감하는 층에서도 의견이 갈릴 수 있는 사안들이 촛불혁명의 과제로 자의적으로 설정된 셈이다. 촛불 같은 대규모 시민들이 직접참여한 시민행동이라도 합의되지 않은 이슈거나 갈등 쟁점의 경우, 촛불과 같은 직접민주적 시민행동이라고 전체 시민들의 민의를 제대로 반영 못할 수 있으며, 특히 사회적 약자층의 목소리가 배제될 수 있다는 점에서 맹목적으로 정당화하는 것은 위험하다. 광장의 정치 역시 사회경제적 여유가 있는 층이 주도하는 참여형식이라는 점에서 자칫 실제 참여자들이나 주최 측의 자의적인 촛불민심에 대한 해석은 촛불을 시민들과 괴리시키는 결과를 초래할 것이다. 2016~2017년 촛불의 성공요인은 무엇보다 촛불에 참여하지 않은 시민들을 망라했고, 대다수 시민들의 요구가 "대통령 탄핵"이라는 단일한 목소리로 수렴되었기 때문임을 오해해서는 안 된다.

촛불 전환의 결과: 탄핵정치연합의 등장, 제도주의자들의 부상, 제도 내 경쟁으로 관심 이전

국회탄핵 이후 제2국면, 제3국면으로 진화하면서 제도의 작동기에 시민들의 정치적 태도가 질적으로 달라지기 시작한다. 우선 광장에서 제도로, 촛불에서 대통령 선거로 관심이 급격하게 이동하기 시작했다. 〈그림 24〉를 보면 국회에서의 탄핵가결 이후 1월 15~16일 한국일보·한국리서치 조사에서 차기 대통령 선거에 대해 "매우 관심있다"라는 응답은 49%에 그쳤으나 헌재 재판 이후 촛불국면이 전환된 이후 4월 초 조사에서는 60%까지 상승한다. 특히 이전 선거에 비해 2030세대의 대선 관심과 참여가 급증했다는 점도 주목해야 한다(〈그림 25〉). 반면 17대 대선, 18대 대선 등 역대 대선에서 선거관심과 참여를 주도했던 50대와 60대 이상 고연령층의 선거관심도가 급락했다. 보수정당 지지가 강했던 이들 세대에서 촛불과 탄핵을 거치며 정치적 전향과 냉소가 확산된 반면, 촛불 탄핵과정에서 각성한 젊은 세대의 촛불참여 열기가 19대 대통령 선거에 대한 관심으로 연결된 셈이다.

뿐만 아니라 제도정치, 선거국면에서 자신들의 주권을 위임할 정

〈그림 24〉 대통령 선거 관심도 (%)

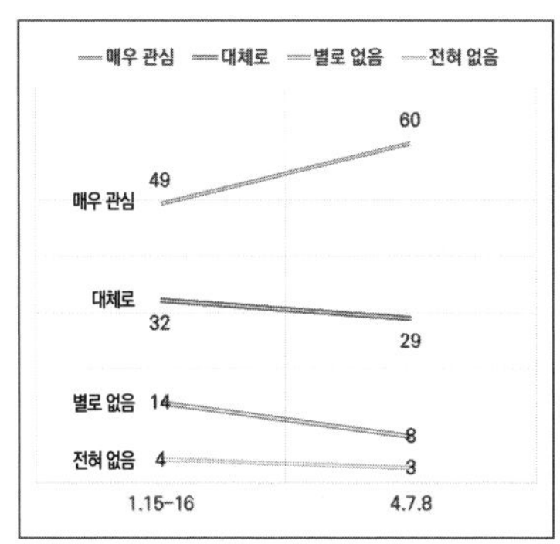

자료 : 한국일보 · 한국리서치(2017. 2; 2017. 4)

〈그림 25〉 이전 대선 대비 선거관심도 (%)

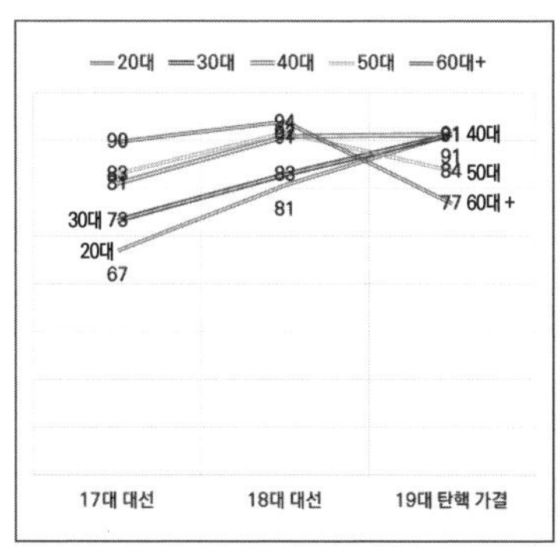

자료: EAI(2007. 8); EAI · 한국리서치(12. 6);
한국일보 · 한국리서치(2016. 12)

치적 대표에 대한 선호에서도 큰 변화가 나타났다. 우선 지지정당을 보면 제1국면에서는 새누리당 지지층의 붕괴가 무당파로 이탈했다. 더불어민주당이나 국민의당, 정의당 등 기존 야 3당 지지율로 흡수되지 않았지만, 제2국면과 제3국면의 제도정치의 공간이 확장되자 더불어민주당에 압도적인 지지로 이동하기 시작했다.

〈그림 26〉에서 새누리당의 후신인 자유한국당, 바른정당, 정의당, 국민의당 등 제반 정당들의 지지율이 10%에도 미치지 못하는 수준으로 떨어지고, 더불어민주당 지지율만 과반에 육박할 수준까지 올랐다. 제1국면에서 보수우위의 유권자 연합의 균열로 보수정당은 지지층이 잔류보수(remaining convervatives)와 지지를 철회한 광범위한 이탈보수층(swing conservatives)으로 분화되었는데, 제1국면에서는 이들이 주로 무당파로 이동했다. 그러나 제2국면을 거치면서 이탈보수층 및 기존 정당들이 흡수하지 못했던 무당파층이 급격하게 더불어민주당 지지층으로 흡수되었다. 12월 9~10일 조사에서 26%에 그쳤던 더불어민주당 지지율이 12월 27~29일에 실시한 조사에서는 40%, 제3국면인 2월 24~25일 조사에서는 과반에 육박하는 47%까지 상승했다. 이는 기존에 25~30% 수준의 전통적인 민주당 지지층("전통민주"층) 외에 새누리당 지지층과 무당파층에서 새로 유입된 신민주지지층("뉴민주"층)이 급증했음을 의미한다. 제2국면 이후 더불어민주당 주도로 국회탄핵가결과 이후 탄핵과정을 리드하면서 새롭게 더불어민주당 지지층으로 유입되기 시작된 것이다. 더불어민주당 지지율이 급증한 것은 국회탄핵 이전부

터 일관되게 더불어민주당 '전통민주'층 외에 탄핵을 거치면서 더민주당 지지층으로 유입된 '뉴민주층'이 연합하면서 소위 더불어민주당 우위의 "탄핵(유권자)정치연합" 구도로의 재편이 발생한 것이다(정한울 2020, 2022a, 2022b).

또한 차기 대선경쟁 구도에서도 큰 변화가 발생했다. 〈그림 27〉을 보면 항의의 정치를 강하게 주도하며 제도전복적/급진적 성향을 보인 후보들의 지지율이 하락하고, 대신 제1국면에서는 타협적이거나 답답하다고 비판받았거나 존재감이 미미했던 제도주의적 접근을 견지했던 후보들이 급부상했다. 제1국면을 통해 대선의 선두주자로 부상했던 이재명 후보가 제2국면 이후 지지율이 빠지기 시작했다. 촛불집회의 제1국면이 시민들의 제도에 대한 불신과 제도 대항/전복적 성향이 강하게 표출되었다면 제2국면부터는 제도

〈그림 26〉 촛불국면별 정당지지율 변화 (%)

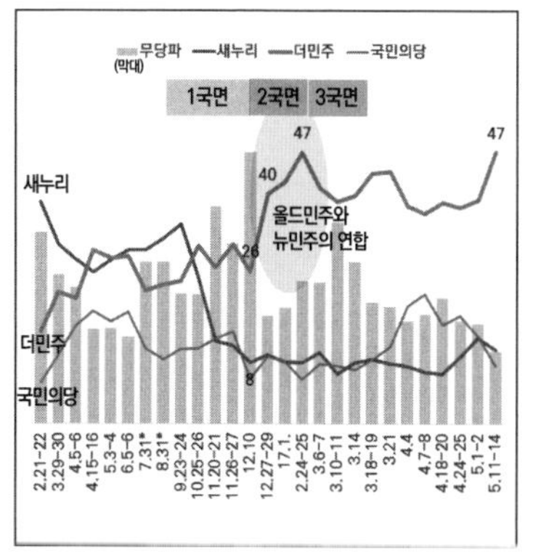

자료 : 정한울 · 강우창(2017)

〈그림 27〉 촛불국면별 대선지지율 변화 (%)

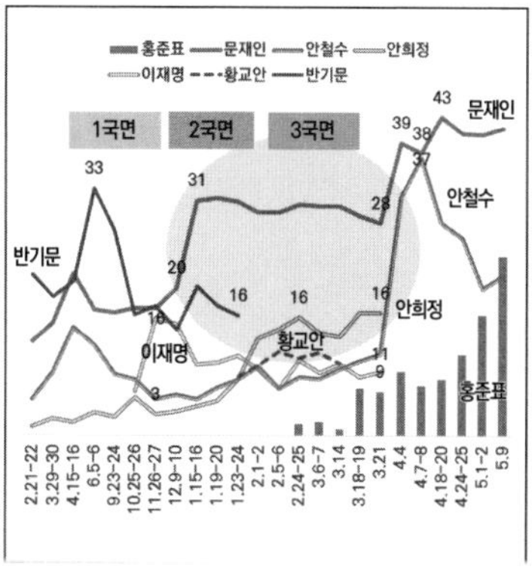

자료 : 정한울 · 강우창(2017)

의 정상화와 복원 중심으로 촛불참여의 성격이 전환된 결과로 보인다. 11월 24~25일 조사에서 다자대결 16%로 문재인, 반기문 후보와 선두다툼을 벌였던 것이 무색하게 제2국면과 제3국면에 진입하면서 한 자릿수 대까지 다시 떨어지며 대선 경쟁에서 멀어졌다. 이재명 후보는 기존의 일관된 하야/탄핵 노선에 이어 "박 대통령 퇴로 보장은 안 된다"면서 퇴진 후 구속처벌론을 주장하며 가장 강경하고 급진적 주장 입장을 유지했다. 이재명 후보에 뒤이어 "대통령 즉각사임" 입장과 "촛불경선" 등 급진적 이장을 주장했던 박원순 시장도 대선경쟁에서 6위권으로 처지면서 선두권에서 멀어졌다. 제2국면에서도 박 시장은 김부겸 후보와 "촛불에 참여한 시민들을 촛불경선을 해 야권단일 후보를 내자"며 '개방형 공동경선'을 제안하고, 촛불연합정부 구상을 제안하는 등 급진적인 안으로 차별화를 꾀했다.[19]

반면 '고구마'라는 공격을 받았던 문재인 후보나, 존재감이 미미했지만 국면이 진화할수록 통합과 헌정질서의 안정을 강조한 안희정 후보와 안철수 후보가 중도탈락한 반기문 후보 지지층과 중도성향 유권자들의 지지를 흡수하며 급부상했다. 탄핵초기에는 문재인 '거국중립내각' 이후 '박근혜 대통령의 명예로운 퇴진에 협력 의

19) 제2국면에서의 뉴민주당 지지층의 확산으로 알 수 있듯이 다수 유권자들은 불안정한 정당 간 연합이나 촛불집회에 과도한 정당성을 부여하는 촛불경선, 시민의회 등의 구성에 냉담했던 것이 사실이다. "박원순 '촛불경선' 주장, "광장에 투표소 설치해…""(동아일보 2017/1/12); "박원순 · 김부겸 "개방형 공동경선" 제안"(KBS 2017/01/17); ""누구 맘대로 국민대표?"…'온라인 시민의회' 시민 반발에 무산"(머니투데이 2016/12/12)

사'를 밝히는 등 이재명 후보나 다른 후보들에 비해 정치적 해법을 제시한 문재인 후보는 다른 후보들로부터 "고구마"라는 비아냥과 심지어 "제2의 박근혜를 허용하는 호헌세력"이라는 공격까지 받았다. 그러나 국회탄핵가결 후 여론의 중심이 변화하면서 11월 조사 17%에 머물렀지만, 1월 조사에서는 31%까지 상승했다. 다만 2국면으로 접어들면서 문재인 후보는 "촛불혁명 계기로 권력기관 적폐청산"을 전면에 내세우는 등 잇단 강경 발언을 하며 "촛불혁명론/적폐청산론"을 전면에 내세우는 노선전환을 했다. 이러한 노선전환 후에 28~31%에서 정체되었고, 심지어 4월 대선 직전에는 안철수 후보에게 1%p 차까지 따라 잡히는 상황까지 연출되었다.

다크호스로 등장한 안희정 지사는 촛불집회에는 동참하면서도, "적폐청산" 대신 "대통합"을 강조했고, 안철수 후보도 "헌정질서"와 "통합"을 내세우면서 차별화된 행보에 나섰다. 촛불집회에 대해서도 문재인, 안희정, 이재명 등 민주당의 주자들은 여전히 동참했지만, 안철수 후보 및 여당의 홍준표, 유승민, 남경필 후보는 촛불집회 및 태극기집회 모두에 거리를 두는 후보들도 생겼다. 이인제, 김문수 후보는 대한문 태극기집회에 참석하며 탄핵반대 입장을 분명히 했다. 그 과정에서 1월까지 한 자릿수 지지율에 머물던 안희정 지사는 반기문 후보 사퇴 이후 2월부터 지지율이 16%까지 상승하며 다자구도 2위로 올라섰다. 탄핵 국면까지는 10%에 못 미치던 안철수 후보는 3월 말 더불어민주당 경선 이후 안희정 지사의 지지자들과 이탈한 보수층의 지지를 흡수했다. 4월 들어서는 문재인 후보를 턱밑까지 위협하는 경쟁력을 보여주었다. 탄핵에 찬성하되 과도한 적폐청산 등의 급진적 변화에 불안을 느낀 이탈 보수 및 뉴보수층을 문재인 후보가 흡수하지 못하면서 안희정, 안철수 후보로 이동한 결과로 보인다. 2, 3국면을 거치며 촛불집회 참여동력은 감소하고(제3국면에서 다시 상승하기는 했지만 제1국면의 폭발력에는 미치지 못했다는 점에서), 대통령 탄핵안의 인용과 박근혜 대통령의 구속을 계기로 주최 측의 촛불 확장의 기대와 달리 촛불집회는 마무리 단계로 접어들었다. 이제 대선이라는 제도정치의 공간으로 시민들의 관심과 참여가 이전되었다.[20]

촛불정국에서 제도정치 공간으로의 관심 이전은 '개헌'과 같은 근원적 개혁에 대한 인식 변화에서도 엿볼 수 있다. 〈그림 28〉에서 촛불정국 초기인 2016년 10월 조사에서 "대선 전 개헌"은 25%에 불과했지만 11월 조사에서는 60%까지 치솟는다. 이 시기의 개헌 여론은 개헌 자체에 대한 요구라기보다는 현행 제도에 대한 강한 불신을 반영한 것으로 보인다. 높아진 제도불신을 반영했던 것으로 볼 수 있는데, 그 시기를 현 촛불정국에서 추진해야 한다는 생각은 상당히 급진적 인식이었다고 볼 수 있다. 그러나 12월 국회탄핵가결 직후에는 대선 전 개혁여론은 50%로 줄었고, 대신 "다

20) ""대통령 하야" 5년 만에 손잡은 안철수 박원순…反문재인 시동"(한국일보 2016/11/09); "손학규, 문재인 겨냥 "제2 박근혜 나와도 좋다는 호헌세력""(중앙일보 12/04); "탄핵열차 기관사 자처한 野 잠룡들…文 "부결 시 민심대폭발""(연합뉴스 2016/12/04); "문재인 "촛불혁명 계기로 권력기관 적폐 청산""(한국일보 2016/12/19); "문재인 · 안희정 · 이재명 · 손학규는 촛불참석, 안철수 · 홍준표 · 유승민 · 남경필은 집회 불참"(조선일보 2017/02/25); "문재인 · 이재명 "3 · 1운동 정신은 '촛불'", 안희정 · 안철수 "대통합, 헌법정신" 강조"(한겨레 2017/03/01)

음 정부 이후에 해야 한다"라는 여론이 11월 조사 38%에서 12월 조사에서 46%까지 상승했다. 시민들의 관심이 선거로 이전한 3월 시점 조사에서는 "대선 전 개헌" 33%, "대선 후 개헌" 46%, 이전 조사에 추가된 보기인 "개헌 필요 없다" 10%, "모름/무응답" 11%로 나타났다. 당장 개헌해야 한다는 급진적 주장에서 차기 정부에서 추진해야 한다는 여론이 높아진 것도 제도 신뢰 복원과정의 결과일 수 있다는 것이다.[21)]

〈그림 28〉 촛불 국면에서의 개헌 시점 (%)

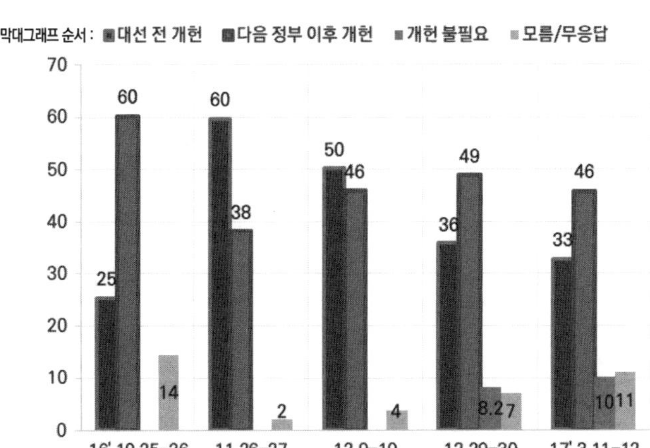

자료: 한겨레 · HRC(2016. 10. 25~26), KBS · MRC(2016. 11. 26~27), 한국일보 · HRC(2016. 12. 9~10), MBC · R&R(2016. 12. 29~30), 서울경제 · 한국리서치(2017. 3. 10~11)

21) 다만 12월 29~30일의 MBC 조사와 3월 갤럽 조사는 앞의 조사들과 보기가 다르다. "개헌이 필요 없다"라는 보기가 추가된 질문형태인데 "개헌이 필요 없다"라는 응답자들은 개헌에 부정적인 사람들이기 때문에 이전 보기였다면 "대선 전 개헌"보다는 "다음 정부로 미루거나", "모르겠나"라는 응답을 높였을 것으로 추측해볼 수 있다.

[참고 1] 촛불참여에 대한 로지스틱 회귀검증 결과

그러나 한국의 경우 저소득, 저학력층이 주로 보수성향의 고연령층에 중첩되어 소득계층과 학력수준별 차이가 사실상 경제적 불평등의 영향이 아닌 연령이나 정치성향을 매개한 결과일 수 있다. 따라서 촛불참여의 경제적 불평등성을 검증하기 위해서는 연령, 정치성향을 통제해 검증할 필요가 있다. 이를 위해 촛불집회 참여 경험 여부(0: 없음/응답 유보, 1: 참여 경험 있음)를 종속변수로 하고, 주요 인구학적 변수(성, 연령대, 지역)와 정치성향(지지정당)을 통제변수로 포함해 소득과 학력의 "계층변수"의 영향력을 검증하는 로지스틱 회귀분석을 통해 검증한다.[22] 이와 함께 앞에서 강조한 "내재적 효능감과 외재적 효능감(정치불신)과의 격차"가 촛불집회와 같은 비제도적 항의행동에 영향을 미칠 것이라는 주장을 검증한다. 자신의 시민역량에 대한 자신감인 내재적 효능감은 "우리 같은 사람은 정부가 하는 일에 대해 말할 자격이나 능력이 없다"라는 진술에 대한 동의 여부(1–4점), 제도와 정치권이 시민들의 요구와 의사에 반응하고 있다는 믿음인 외재적 효능감(정치신뢰)은 "한국에서는 전체 국민이 아닌 소수의 사람이 정부와 정치를 좌우한다"라는 진술에 대한 동의 여부로 측정한다. 종속변수 코딩 방향을 고려할 때 계수(B)의 부호가 (+)인 변수는 독립/통제변수가 기준범주 대비 해당 범

22) 성, 연령대, 거주지역, 학력, 소득계층은 범주형 변수로 변환해 방정식에 포함했고, 내재적 효능감과 외재적 효능감은 각각의 지표에 대한 동의수준을 연속변수로 간주해 방정식에 포함했다.

주에 속하거나, 변량이 커질수록 촛불집회 참여 경험을 가질 확률이 높아지고 (-)인 변수는 불참 확률이 높아진다는 것을 의미한다.

촛불광장도 불평등하다

촛불참여의 의미가 제도가 작동하지 않았던 제1국면에서 제도불신이 촛불참여의 동력이었고, 제도에 대한 신뢰가 회복되고 제도정치에 대한 위임과 관심이 커질수록 촛불집회 참여 동력은 약화될 것으로 보았다. 크게 보면 제도불신 단계의 촛불참여와 제도신뢰 단계에 따라 내재적, 외재적 효능감에 대한 태도변동이 있었을 것으로 판단되어 본 분석에는 제도불신기(제1국면) 및 제도복원/선거국면에서 실시한 2종의 자료를 비교분석한다. 효능감 변수를 제외하면 방정식에 포함된 변수들의 영향력은 동일하게 타나났다. 다음 〈표 9〉는 로지스틱 회귀분석 모델 적합도 및 각 변수의 영향력에 대한 유의성 검증 결과를 보여준다. 통계적으로 유의한 설명변수들을 살펴보면,[23] 양 데이터 공히 남성(기준범주) 대비 여성일수록 촛불참여 확률이 유의하게 낮고(B〈0), 세대에서는 60대 이상 대비 젊은 세대일수록 촛불참여 확률이 높다. 특히 회귀계수 B의 절대값 크기를 보면 40대와 20대가 촛불참여를 주도했음을 알 수 있다(B〉0). 거주지역의 경우

23) 〈표 9〉에서 모델적합도를 보여주는 카이제곱 검정 결과 99.9% 신뢰수준에서 본 분석모델이 종속변수의 변량을 설명하는 영향이 0이라는 영가설을 기각한다. 즉 유의한 설명력을 갖는 분석모델임이 확인(p=0.000, ***). Nagelkerke R-제곱값으로 보면 양 시점 각각 본 분석모델이 종속변수 변량의 각각 22.0%와 24.7%를 설명하는 모델이라고 볼 수 있다(+ 90% 신뢰수준(p〈0.1), *는 95% 신뢰수준(p〈0.05), **는 99% 신뢰수준(p〈0.01), ***는 99.9% 신뢰수준(p〈0.001)에서 통계적으로 유의한 결과임을 의미). 위의 표식이 없는 경우 해당 변수의 영향이 없다는 영가설을 기각 못한다.

TK/PK 거주자를 기준범주로 각각의 지역거주자의 촛불참여 여부를 비교하면, 호남거주자들이 촛불참여에 적극적이었음이 확인된다(2016년 한국일보 데이터에서는 서울 거주자도 유의함).

관심 변수인 학력과 소득수준을 보면, 학력 변인은 다른 통제변수들을 고려할 때 학력수준에 따른 촛불참여 확률 차이가 통계적으로 유의하지 않거나(탄핵국면), 90% 신뢰수준으로 검증수준을 낮춰야 유의한 것으로 나타났지만, 소득수준은 양 시점 공히 통계적으로 유의한 영향을 미치고 있다. 로지스틱 회귀분석의 회귀계수(B)는 오즈비(odds ratio)를 선형화하기 위해 로그를 취해 산출한 값이기 때문에 계수의 의미 해석이 어렵다. 보다 직관적 해석을 위해 로지스틱 방정식으로 치환한 예측확률 값(predited probability) 기준으로 도식화해보자(0에 가까울수록 불참, 1에 가까울수록 촛불참여 확률 높음).

〈표 9〉 촛불행동 참여여부에 대한 로지스틱 회귀분석

독립/통제변수 (기준 범주)	종속변수: 촛불참여유무 0: 촛불집회 불참/유보 1: 참여 경험 있다	시점1: 국회탄핵 국면[1]		시점2: 대선 직후[2]	
		계수(B)	표준오차(S.E.)	계수(B)	표준오차(S.E.)
성별(남자)	여자	-.434**	(.156)	-.289*	(.143)
세대 (기준 60대+)	20대 이하	1.248***	(.320)	1.176***	(.305)
	30대	.859**	(.320)	.663*	(.310)
	40대	1.338**	(.304)	1.183***	(.296)
	50대	.385	(.314)	.773**	(.293)
거주지역 (영남)	서울	.687**	(.234)	.209	(.212)
	인천/경기	.180	(.219)	.083	(.194)

거주지역 (영남)	대전/충청/세종	.263	(.290)	-.552+	(.289)
	광주/전라	.976**	(.286)	.457+	(.266)
	강원/제주	-.105	(.431)	.292	(.407)
지지 정당 (자유한국당)	더불어민주당	1.741***	(.443)	2.927***	(.809)
	제3정당	1.595***	(.455)	2.753**	(.808)
	무당파	1.258**	(.432)	1.796*	(.820)
학력(중졸)	고졸	-.073	(.419)	.398	(.479)
	대재 이상	.240	(.425)	.853+	(.472)
소득 (700만 원 이상)	200만 원 미만	-.525+	(.295)	-.525+	(.311)
	200~300만 원 미만	-.305	(.277)	-.848**	(.276)
	300~500만 원 미만	-.436*	(.223)	-.208	(.200)
	500~700만 원 미만	.067	(.253)	-.265	(.215)
외재적 효능감 :정치불신	한국에서는 전체 국민이 아닌 소수의 사람이 정부와 정치를 좌우한다. (1. 동의~4. 동의 안 함)	-.240*	(.114)	-.115	(.100)
내재적 효능감	우리 같은 사람은 정부가 하는 일에 대해 말할 자격이나 능력이 없다. (1. 동의 ~4. 동의 안 함)	.058	(.069)	.200*	(.081)
상수항		-2.346**	(.684)	-4.569***	(.975)
유의확률 + (p〈0.1), * (p〈0.05), ** (p〈0.01), ***(p〈0.001)		카이제곱 = 160.185***, df=21 N=940 Nagelkerke R-제곱 = .220		카이제곱= 217.390***, df=21 N=1,123 Nagelkerke R-제곱= .247	

자료: 1) 한국일보 · 한국리서치(2016. 12. 9~10, 1,000명), 2) EAI · 한국리서치 KEPS 패널조사 1차 (2017.4, n=1,157)

다음 〈그림 29〉를 보면 연령대, 정치적 성향을 통제한 조건에서도 소득수준은 촛불참여 여부를 결정하는 유의미한 변수로 나타났다. 연령대와 정치적 성향을 고정시켜 놓더라도 월 가구소득

300만 원 이하의 시민들은 촛불집회 참여확률이 20% 이하 수준인 반면, 301만 원~700만 원 대의 중산층에서는 30~40% 수준으로 올라간다. 월 가구소득 700~1,000만 원 이상층에서는 촛불참여 확률이 40~50%대로 더 높다. 촛불광장의 정치, 항의의 정치는 소득수준이나 정치적 자본이 약한 사회적 약자의 목소리를 대변하는 장이라는 일반적 인식과 달리 상당한 정치사회적 자원이 필요한 참여형식임을 의미한다. 반대로 저소득, 사회적 약자층은 직접행동의 비용(시간과 경제적 부담)으로 인해 광장의 정치에서도 배제될 수 있음을 확인해주는 결과다. 따라서 촛불참여의 규모나 기간, 혹은 촛불참여자들 내의 여론으로 촛불의 정당성을 뒷받침해서는 안 되며 촛불광장의 목소리 외에도 소외된 광장 밖 여론에도 귀를 기울여야 한다.

〈그림 29〉 월 가구소득별 촛불집회 참여 경험 확률(0 불참~1 필참)

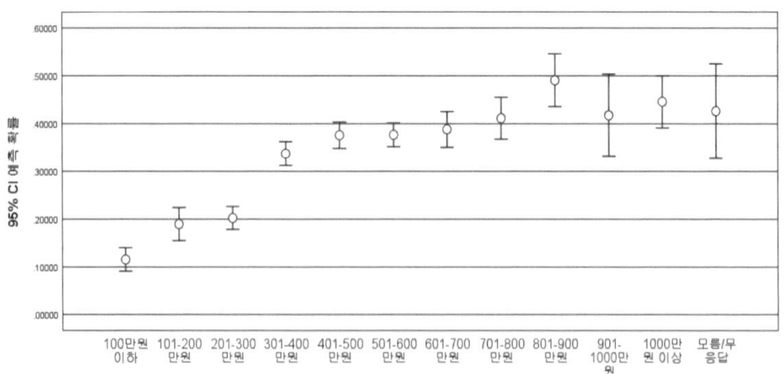

자료 EAI · 한국리서치 KEPS 패널조사 1차 (2017.4, n=1,157)

제도불신이 촛불참여의 동기, 제도 신뢰 복원되며 국면 전환

다음으로 효능감과 시민참여의 가설도 검토해보자. 기존 연구에서 투표참여든 비제도적/비투표참여든 기본적으로 시민들 스스로 자신의 시민적 소양과 책무에 대한 자신감이 강할수록 시민참여 동기를 강화시킨다는 점에는 이견이 없다. 투표는 정치참여의 다양한 방법 중 가장 기본적인 참여방식이다. 기본적으로 투표를 잘하면 시민들의 삶과 공동체가 발전할 것이라는 포지티브한 기대와 신뢰, 즉 외재적 효능감과 정치신뢰가 참여의 동력이다. 그러나 촛불과 같은 항의의 참여는 반대로 제도에 대한 불신과 불만이 참여의 동력이다(Erikson and Tedin 2005; 정한울 · 이곤수 2013). 두 조사 데이터를 보면, 통계적 유의성에는 2016년 국회탄핵 직후 조사에서는 외재적 효능감 변수가 유의했고, 2017년 대선 직후 조사에서는 내재적 효능감 변수만 유의한 것으로 나타났다. 그러나 두 데이터 공히 예상대로 촛불집회에 참여 경험유무에 대해 내재적 효능감은 일관되게 (+) 방향으로, 외재적 효능감 지표에 대해서는 (-) 관계가 성립됨을 보여준다. 다음 〈그림 30〉의 2016년 국회탄핵가결 시점 조사에서 외재적 효능감이 촛불참여 확률을 좌우하고 있음이 확인된다. "정치가 소수에 의해 좌우된다"라는 정치불신이 큰 집단('매우 그렇다', '대체로 그렇다')에서는 촛불참여 경험의 예측확률이 30.4~35.1% 수준이지만, 이에 동의하지 않는(정치불신이 낮은) 집단에서는 촛불참여 예측확률이 16.7~17.6%에 불과하다. 반면 다음 〈그림 31〉에서 대선으로 관심이 이전된 시점인 대선 직후 동아시아연구원의 2차 조사에서는 정치불신요인의 영향력은 미미해졌다. 대신 내재적 효능감 요인만 촛불참여 확률을 강화시킨 요인으로 나타났다. 추가 분석이 필요하겠지만, 촛불의 제2국면~제3국면을 거치며, 제도의 정상화 과정(특검/국회의 수사 강화, 헌재 탄핵인용)을 거치며, 제도/선거 정치에 관한 관심과 신뢰가 복원되어온 결과로 보인다.

〈그림 30〉 외재적 효능감과 촛불참여 예측확률

"우리나라에서는
다수 국민들의 의사와 상관없이
소수의 사람이 정부와 정치를 좌우한다."

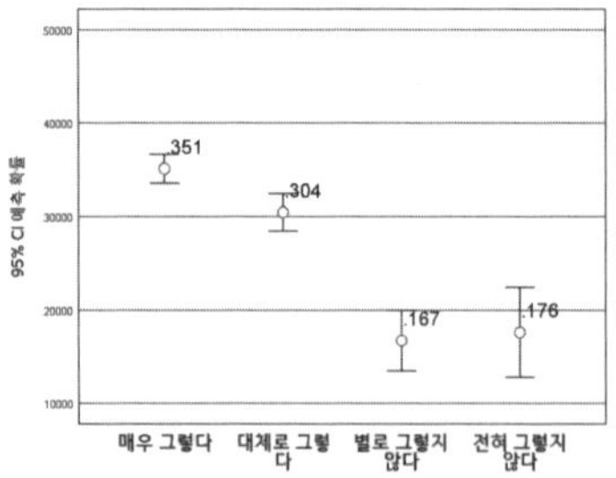

자료: 한국일보 · 한국리서치(2016. 12. 9~10. 1,000명)

〈그림 31〉 내재적 효능감과 촛불참여 참여확률

"우리 같은 사람은 정부가 하는 일에 대해 말할 자격이나 능력이 없다."

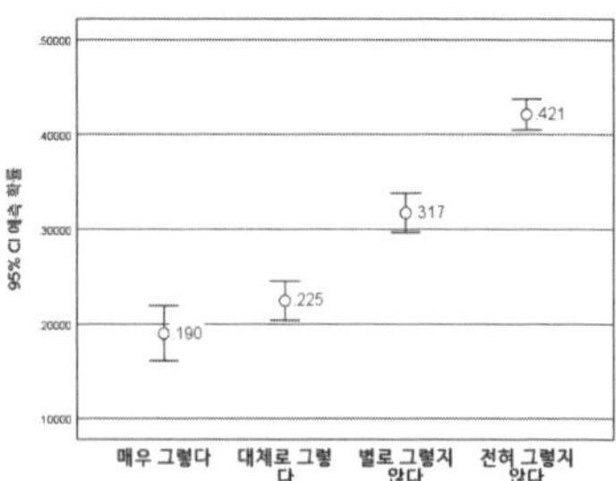

EAI · 한국리서치 KEPS 패널조사 2차 (2017. 5. n=1,157)

정치연구총서 07

정치연구총서 07

4장
문재인 정부의 실패를 부른 두 가지 오해: 촛불혁명과 선거민심에 대한 오해

*

필자는 5년 만의 정권교체과정에서 더불어민주당 우위의 탄핵 정치연합의 형성과 해체과정은 이미 여론 논문과 보고서로 정리해 왔다. 주로 타깃팅과 이슈대응(대북정책 올인, 소득주도성장정책, 조국 장관/검찰개혁 등) 및 정책실패(부동산)의 영향력에 대해서는 필자의 기존 연구들에서 다룬 바 있다(정한울 2022a, 2022b). 이 글에서는 이러한 문제점이 발생한 근원적 요인에 대한 진단을 제시하고자 한다.

촛불과 촛불정부 역할에 대한 오해: 촛불개헌에 대한 집착으로 이어지다

‘촛불’에 대한 오해: 적폐청산/검찰개혁이 촛불의 명령이었나

문재인 정부와 더불어민주당은 취임부터 임기 중후반까지 ‘촛불’을 ‘촛불혁명’으로 규정하고, ‘촛불혁명의 완수’를 임무로 하는 ‘촛불정부’로 자기규정했다.[24] 탄핵과정, 특히 제1국면에서 촛불이 탄핵의 진로를 잡고 최종적으로 탄핵을 관철시키는 데 했던 역할을 생각하면, 당시 더불어민주당과 주요 정당들의 ‘촛불혁명’이라는 예찬 그 자체가 문제는 아니다. 앞서 살펴본 대로 엄밀히 촛

24) “文대통령 ‘20개월 동안 오지 촛불민심만 생각’”(조선일보 2019/01/25); “촛불 빠진 문 대통령 새해 메시지, 왜?”(한겨레21 2021/1/22)

불집회를 '혁명'으로 부를 수 있는지에 대해서는 찬반 논란이 존재해왔다. 정부가 향후 시민의 뜻과 헌정질서를 벗어나 권력을 남용, 국정을 농단할 때 치를 '시민저항'의 비용이 얼마나 클지 실증함으로써 민주적 절차와 질서를 공고히 했다는 점에서 상징적 의미의 '시민혁명'이나 '정치혁명'으로 평가하는 것은 가능하다고 본다. 혁명 본연의 의미에 부합하는 체제 변혁적 개혁이 없었고, '방어적 성격의 민주주의'라는 한계가 있으나 최소한 권력의 사유화를 막고 나쁜 대통령을 심판하는 촛불을 들어 시민들이 감내하는 최소한 마지노선을 입증한 '마지노선 민주주의'의 위력을 보여주었고, "촛불 이후 어떠한 정권도 파수꾼들의 감시로부터 자유로울 수 없는" '파수꾼 민주주의(monitory democracy)' 시대를 열었다는 점만으로도 존중받을 만하기 때문이다(김윤철 2017; 강우진 2019, 130).

그러나 촛불이 퇴장하고 선거를 통해 제도정치의 진로와 향후 국정에 대해서는 기존의 대의제도와 민주적 거버넌스의 과정에 위임한 것이라는 점을 간과해서는 안 된다. '상징적' 차원과 급박하고 혼란스러웠던 국정농단 국면에서 '탄핵'으로의 해법을 제시하고, 대한민국의 진로를 모색했던 촛불의 역할에 대한 상징적 의미로의 '촛불혁명' 규정은 자연스럽다. 나아가 '촛불정부'가 계승하겠다는 것도 문제될 것이 없다. 그러나 상징적인 의미를 넘어 실제 문재인 정부의 정당성의 근거를 '촛불혁명'에서 찾고, 실제 자신들이 설정한 국정운영의 의제와 추진과정을 '촛불혁명'의 '명령'이라고 자의적으로 정당화하는 경향을 낳았다.

첫째, 혁명은 기본적으로 대중동원에 의해 구체제 전복과 함께 기존 체제와 차별화된 정치사회적 체제로의 대체가 필수적이며, 이를 통해 통치의 정당성(legitimacy) 찾는다(Grinin et al. 2022). 따라서 혁명은 제도와 절차를 우회하면서 직접민주주의적 동원에 의존하는 포퓰리즘적인 국정운영(또 다른 독재)으로 이어질 수 있다. 또한 혁명은 '혁명 세력과 구체제의 반혁명 세력과의 전쟁'이라는 레토릭을 떠올리게 하듯 정치행위자가 제도하 경쟁보다는 '적대적 대결'(contentious politics)의 정서를 강화시킬 수 있다. 야당이나 정부에 반대하는 시민을 경쟁하면서도 포용하고 통합해야 할 대상이 아닌 제압해야 할 '적'으로 인식하게 하는 경향을 만들 수 있다. 실제로 정부여당에서는 야당의 반대에 대해 "감히 촛불혁명 대통령에 불복"한다고 표현하며 야당의 반대를 촛불혁명에 대한 도전으로 국정의 파트너로 해석하기보다는 적대적 감정을 그대로 노출하는 경향까지 나타났다. 즉 촛불혁명론은 조정과 통합의 국정 기조 대신 대결과 갈등의 국정 기조를 강화시키는 기제로 작동했다.[25)]

둘째, '촛불혁명'에 대한 과도한 해석은 정부의 국정 방향과 정책과제 추진과정에서 다음과 같은 악영향을 미칠 수 있다. (1) 정부의 대의제의 민주적 과정이나 정상적인 대의제도의 안정화 방안에 대해서는 소홀히 하고, (2) '혁명'이라는 정의에 부합하기 위해 추진된 구조적인 정치사회적 개혁을 준비 안 된 채 무리하게 추진

25) ""제왕적 패권주의" vs "적폐 세력 그대로"…촛불 2년 쫙 갈린 정치권"(세계일보 2018/10/30); "이해찬 "탄핵 당한 세력이 어디 감히…촛불혁명 대통령 불복하다니""(서울신문 2019/02/01)

하는 경향을 만들고, (3) 그 추진과정 역시 대의제를 기반으로 반대하는 정당이나 시민들의 의견에 대한 동의를 구하고 설득하는 대신 직접민주주의적 동원을 통해 제도를 우회하려는 유혹에 빠질 가능성이 크다. 혁명은 정권의 전복 후 이를 정당화하는 대중동원이 일어나는 쿠데타 등의 군사정변이나 대중동원이 선행하고 실질적인 기존 정부의 전복과 대체가 선거나 제도를 통해 실현되는 '혁명의 유사품(analogue of revolution)'과 구별해야 한다(Grinin et al. 2022).

문재인 대통령과 더불어민주당 정권의 탄생은 촛불집회와 시민 개개인의 탄핵 요구를 제도적으로 수렴해 현실화한 성과를 기반한 것은 사실이다. 앞 장에서 본대로 촛불의 민의가 국면 전환을 통해 광장에서 제도로 무게 중심이 이전했고, 문재인 정부, 더불어민주당이 주도하는 의회구도는 엄밀히 말해 '선거'라는 대의제도를 통해 선택받은 결과다. 이렇게 국민들로부터 선택받은 정부라도 임기과정에서 자신들이 내건 정책과 이슈, 공약의 추진단계에서 보다 구체적이고 직접적으로 민의를 재확인하고 민주적 의사결정 절차를 거쳐야 한다. '촛불혁명 완수'를 내건다고 해서 무소불위의 권력을 행사할 수 있는 '혁명정부'가 되는 것도 아니고, 선거를 크게 이겼다고 대의정치를 우회하거나 패싱할 권한이 생기는 것도 아니다.

촛불혁명의 완성=적폐청산=무리한 개헌?: 헌법전문을 둘러싼 불필요한 보수와의 갈등 유발

임기 초 문재인 정부의 '촛불혁명' 정부라는 자기 규정은 "개헌 실현=촛불혁명 완성"이라는 인식하에 임기 초부터 개헌 작업에 집중하게 만들었다. '혁명정부'라면 응당 구조적이고 근원적 개혁을 만들어야 한다는 '사명감'을 갖게 했던 것 같다. 2017년 하반기부터 대통령과 더불어민주당은 개헌을 국정 의제로 부각하기 시작했고, 대통령 직속 정책기획위원회 주도로 2018년 2월 '국민개헌자문특별위원회'를 구성해 3월 중순에 개헌안을 마련하고, 2018년 지방선거와 개헌국민투표를 진행할 계획이었다. 문재인 대통령과 더불어민주당은 "지금 안 하면 어느 세월에 하겠나?"라며 촛불로 시민지지가 높고 변화에 대한 동력이 살아 있을 때 개헌을 성공시키고자 했다.[26] 실제로 전무후무한 촛불탄핵 국면에서 국정농단 사건과 탄핵을 계기로 보다 근원적인 정치개혁을 위해 '개헌'의 필요성에 대해서는 다수의 지지가 일관되게 유지되었다. 개헌에 대한 태도는 "필요여부"와 "찬반"으로 묻느냐에 따라 응답 차이가 있는 것으로 알려져 있다(허석재 2018). 다음 〈그림 32〉에서 "개헌의 필요성"에 공감하는 응답은 2014년에는 42% 수준에서 촛불정국

26) "탄핵 1주년 앞두고, 민주당 "이제 개헌의 시간""(한국일보 2017/12/08); "문 대통령, "지금 안 하면 어느 세월에"…강한 '개헌 드라이브'"(한겨레 2018/03/13); ""촛불혁명의 완성은 개헌" 문희상, 연일 개헌 띄우기""(국민일보 2018/07/19), "문재인 정권은 혁명정부였디"(동이일보 20/12/30); "문재인, 20개월 동안 오직 촛불민심만 생각"(조선일보 2019/01/25)

이전과 초기 국면에서는 56~59%에 불과했지만, 촛불집회가 최고에 달한 65~66%대까지 치솟았고, 문재인 정부 시기에 들어와서는 77%까지 상승했다. 반면 〈그림 33〉에서 개헌에 대한 찬반 응답으로 보면, 국회의장실이 2017년 7월부터 12월까지 3개월 주기로 진행한 조사 결과 개헌 찬성여론 우세한 상황은 유지되지만 시간이 흐를수록 약화되고 있다. 7월 조사에서 75%가 찬성했지만, 9월 조사에서 69%, 12월 조사에서는 62%로 찬성여론이 약화되고 있다는 점은 주목할 현상이었다(허석재 2018, 25).

〈그림 32〉 개헌 필요성에 대한 여론 (%)

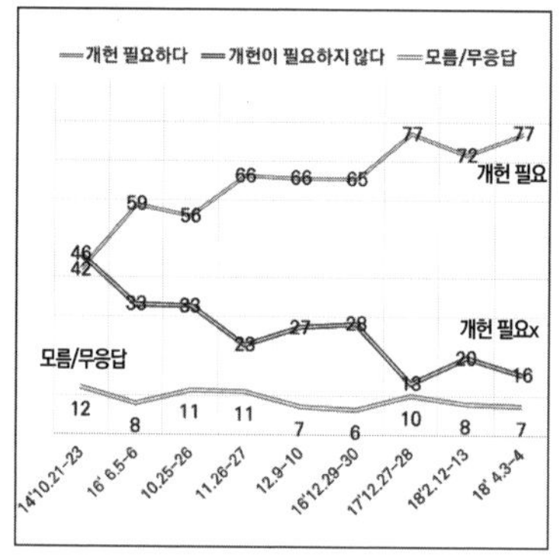

자료: 한국갤럽(2014. 10. 21~23), 한국일보 · KRC(2016. 6. 5~6), 한겨레 · HRC(2016. 10. 25~26), KBS · MRC(2016. 11. 26~27), 한국일보 · HRC(2016. 12. 9~10), KBS · KRC(2016. 12. 28~29), 경향 · HRC(2018. 2. 13~4), MBC · KRC(2017. 12. 27~28; 2018. 4. 3~4)

〈그림 33〉 개헌 찬반 (%)

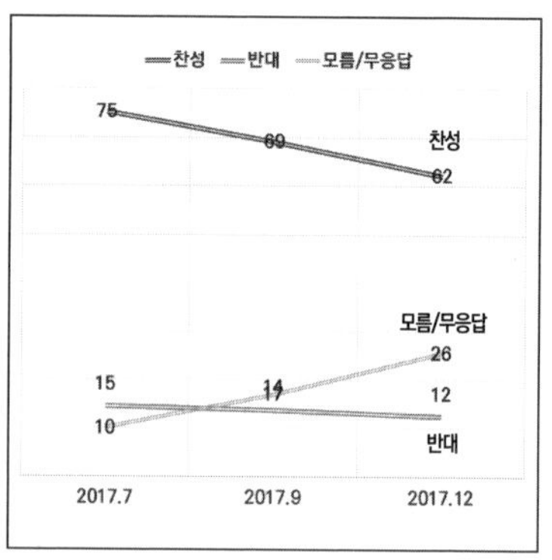

자료: 국회의장실 · 한국리서치(2017. 7, 9, 12월 조사)
출처: 허석재(2018, 25)

문재인 정부 시기 "촛불혁명의 완성" 과제로 자리매김되어 추진된 개헌안은 내용적으로 보면 다음과 같은 특징을 갖고 있었다.

① 헌법전문에 기존의 '3·1 운동'과 '4·19 혁명' 외에 '부마항쟁'과 '5·18 민주화운동', '6·10 항쟁' 및 '촛불시민혁명'을 포함[27], ② 정치개혁 방안으로서 "대통령 중임제-비례대표제 강화"[28], ③ "지방분권국가"로의 전환(행정수도조항, 자치정부 입법권, 조세자치법률주의 조항) 및 "의회권한 강화/협치 조항(정부 법률안 제출권 축소/폐지, 예산법률주의)"[29], ④ 직접민주주의의 확대를 위한 "선거권자 100만 명이 직접 헌법개정을 발의하는 국민발안제도, 국민소환제도 등이 개헌의 제로 부각되었다. 한편 시민참여에 기반한 직접민주주의적 요소들도 개헌안에 포함시키고자 했다.[30] ⑤ 기본권 주체를 '국민'에서 '사람'으로 확대하고, 기본권 보장에서 국적 제한(외국인, 무국적자, 망명자 등)을 넘어서거나 특수직종 제외한 대상의 노동 3권 보장 강화 등 기본권 강화, ⑥ 경제민주화 조항 강화 및 토지공개념 도입 등

27) "與, 헌법전문에 촛불혁명 계승 명시"(동아일보 2018/02/02); "與 "헌법전문에 5 · 18, 촛불 담자"…野 "개헌 말자는 얘기""(KBS 2017/11/22); "與, 헌법전문에 촛불혁명 계승 명시"(동아일보 2018/02/02)

28) "민주당 '4년 중임 대통령제' 당론 사실상 확정…개헌 정국 본격화"(경향신문 2018/02/02); "문재인 개헌안 발의: 6가지 쟁점 정리"(BBC 2018/03/19); "문재인 정부 개헌안, '국민'과 '사람'은 어떻게 구분되나"(오마이뉴스 2018/03/20)

29) "민주당, 개헌 당론 윤곽 "자치분권 · 의회주의 강화""(한국일보 2018/02/01); 분권과 협치의 관점에서 개헌 방향을 다룬 논의로는 이윤환 "헌법개정의 필요성과 권력구조 개편방향"(2021), 장영수 "제10차 개헌의 의미와 방향: 분권과 협치"(2018b)를 참조할 것.

30) "[KBS 공감토론] 특집 '개헌을 생각한다' 5편 국민참여개헌의 현실적 대안"(KBS 2017/08/14); "대통령 일정 24시간 공개, 국민소환제 추진"(한겨레 2016/12/19); "문 대통령이 던진 직접민주주의, 어디까지 가능할까"(한겨레 2017/09/21); "직접민주주의 도입을 위한 개헌"(참여연대 2018/03/01); "미룰 수 없는 직접민주제 개헌"(내일신문 2018/02/05); "직접민주주의의 부활인가, 포퓰리즘의 대두인가"(월간중앙 2019/03/30); "세대 갈등 뛰어넘는 직접민주주의가 '촛불'의 계승"(한겨레 2021/04/05). 이와 함께 개헌사안은 아니지만 '신고리 5, 6호기 공사중단'에 대한 공론조사, 개헌방안에 대한 공론조사 등 직접민주주의적, 국민참여형 공론화 실험들이 진행되었다.

의 사회경제적 개혁안 등의 내용이 담겼다.[31]

추진과정에서의 특징을 보면 첫째, 문재인 정부 시기 이전 개헌 논의는 내용적으로 보면, 권력구조 개편 문제(정부형태와 대통령 임기)에 집중되었고, 추진 방법론 차원에서는 개헌 논의는 무성하되 정치권에서의 이해관계 충돌로 번번이 무산되자 실질적인 개헌추진 방법에 대한 다양한 논의가 제기되어왔다(장영수 2012, 2018a; 김종철 2018a; 박경철 2018). 노무현 정부 시기에는 '원포인트 개헌안'이 관심을 끌었다면, 이명박 정부에서는 '여론조사를 통한 개헌'이 추진되기도 했다.[32] 그러나 문재인 정부 시기에 추진된 개헌 추진과정을 보면, 기존의 핵심쟁점인 권력구조 개편 이슈 외에 몇 가지 추가적인 쟁점이 나타난다. 첫째 '촛불혁명의 제도화'를 표방하며 헌법의 이념, 총강, 전문을 둘러싼 쟁점이 심화되었다. "자유민주적 기본질서" 규정 외에 촛불과 민주화운동을 헌법에 포함시키자는 헌법정신 관련 논란이 커졌다(김선택 2018; 김종철 2018b; 문지영 2019). 둘째, '제헌헌법'에 비유될 정도의 의제(분권과 협치, 직접민주주의 확대, 국민참여 개헌방안, 토지공개념 도입)가 제기되면서 각각에 대해 찬반 논쟁이 심화되었다(김현정 2018; 송기춘 2018; 윤수정 2018; 이재묵 2018; 장영수

31) "[촛불 1년] 헬조선 못 벗어나면 촛불혁명은 미완"(한국일보 2017/10/31); "문재인 개헌안 발의: 6가지 쟁점 정리"(BBC 2018/03/19); 김남희 "대통령 발의 헌법 개정안에 담긴 사회권의 의미와 한계"(2018); 윤수정 "헌법개정과 사회적 기본권"(2018)

32) "민주 '개헌 당론'도 여론조사로? 내달 1일로 '데드라인' 정해놓고 당내 이견 조율"(매일경제 2018/01/25); "이재오 특임장관, 개헌 필요성 거듭 역설"(MBC 2015/05/12); "기초단체 무공천 파동 '민의'는 기만당했다"(경향신문 2014/04/12)

2017; 전광석 2021; 차진아 2018). 셋째, 2017년 국회 개헌특위에서 개헌논의가 진전이 없자 2018년 2월 대통령과 정부 주도로 개헌안이 마련되었다(청와대. 2022, 49-52; 최장집 2018). 넷째, 이 과정에서 "국민이 주도하는 헌법개정안"을 마련하기 위해 단순한 찬반분포뿐 아니라 '숙의형 심의토론회'와 '국민인식 여론조사', '시도간담회' 등을 통해 개헌 쟁점에 대한 숙의과정을 통한 공론화 노력을 진행한 것도 특징이다(김선택 2012; 청와대. 2022, 59-69).

촛불개헌의 실패 요인: 제헌헌법 수준의 복합적 개헌안 –쟁점별 찬반 입장 분할, 촉박한 개헌일정

개헌 구상에 대한 여론은 호의적이었다. 다음 〈그림 34〉의 개헌 논의가 본격화된 2018년 한국갤럽의 3월 4째주 조사에서 개헌의 찬반이나 필요성이 아닌 '대통령의 개헌 발의안'에 대해 "좋게 본다"라는 응답이 55%, "좋지 않게 본다"라는 응답이 24%, "무응답/유보"가 21%였다. 개헌 시기에 대해서도 대통령의 제안과 대선에서 유력주자들의 공통된 안대로 "지방선거와 동시 실시" 방안을 47%가 선택했고, "선거 후 올해 내(2018년)" 24%, "내년(2019년) 이후" 12%, "응답유보" 12%, "기타" 2%로 대체로 대통령의 구상에 우호적이었다. 최대 쟁점이 되는 "대통령 4년 중임제 개헌/비례제 헌법 조문 포함" 등의 권력구조 관련 조항에 대해서도 〈그림 35〉를 보면 대통령 안이 제시한 "대통령 4년 중임제 개헌안에 대한 지지"가 더욱 높아지는 추세였다. 물론 개헌의 필요성에 대해서는 77% 전후의 높은 지지가 있었던 반면 개헌 자체의 찬반에서는 찬성여론이 60%로 떨어지는 추세였다. 개헌 시기에 대해서도 지방선거와 동시실시 안이 지지를 다수 받기는 했지만, 그 외 선거 이후나 응답유보층도 합하면 과반에 달했던 것을 보면 개헌을 우선순위로 보지 않는 경향도 적지 않았던 것으로 보인다.[33]

〈그림 34〉 문재인 개헌안 평가와 시기 (%)

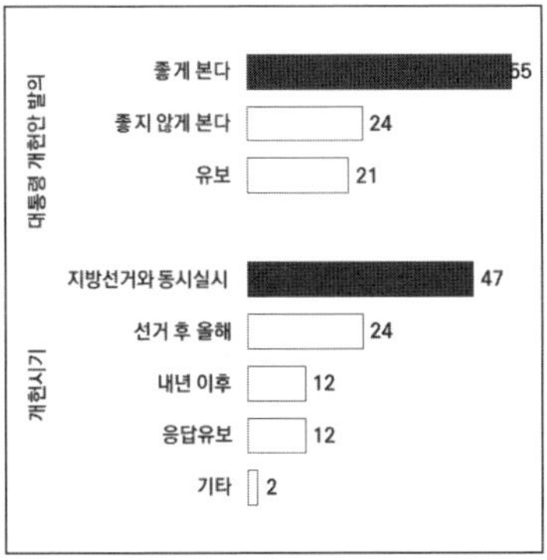

대통령 개헌안 발의	좋게 본다	55
	좋지 않게 본다	24
	유보	21
개헌시기	지방선거와 동시실시	47
	선거 후 올해	24
	내년 이후	12
	응답유보	12
	기타	2

자료: 한국갤럽(2018. 3월 4주, n=1,000)

〈그림 35〉 선호하는 권력구조 (%)

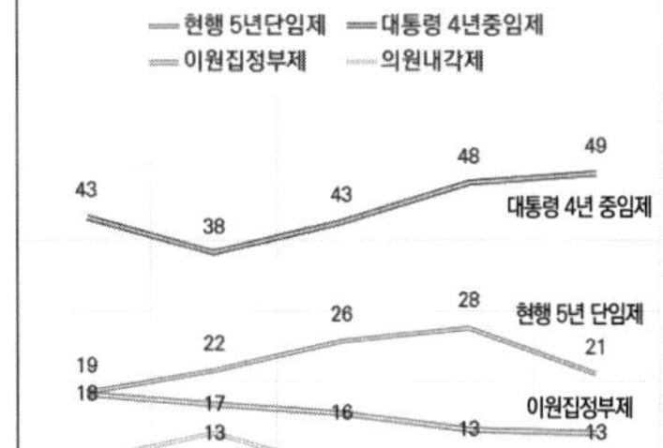

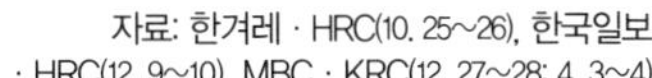
자료: 한겨레 · HRC(10. 25~26), 한국일보 · HRC(12. 9~10), MBC · KRC(12. 27~28; 4. 3~4)

그러나 언론에 발표된 그 외 개헌 쟁점 사안들에 대해서는 쉽게 논의를 진전시키기 어렵거나 합의되기 어려운 사안들이라 사실 6

33) 실제로 2018년 2월 12~13일 경향신문 · 한국리서치가 실시한 개헌여론 조사에서 '개헌이 필요하다'는 응답은 72%인 반면 '개헌 국민투표를 가급적 6월 지방선거와 함께 실시해야 한다'라는 응답은 47.0%로 '무리해서 6월 지방선거와 함께 할 필요는 없다'라는 응답(46.5%)과 큰 차이가 없었다.

월 지방선거 이전까지 국민의견을 제대로 수렴한 개헌안을 만드는 것 자체가 쉽지 않았다. 워낙 방대한 분야의 개헌안을 추진하다 보니 대통령 개헌안을 발표하는 데에도 3일에 걸쳐 ① 헌법전문·기본권·국민주권 강화, ② 지방분권·총강·경제 분야, ③ 선거제도, 정부형태·권력구조 및 사법제도·헌법재판제도 개혁 분야를 나누어 발표해야 했다. 공론화를 위한 국민헌법 토론회에서 모든 분야를 다루지 못하고 토론의제를 ① 기본권 분야 개헌의제 관심도, ② 지방분권과 직접민주주의, ③ 대통령과 국회의 권한 조정 주제로 한정할 수밖에 없었고, 일부 의제는 전문가 토론과정이 생략되기도 했으며, 일부 의제는 일부 쟁점만 토론이 진행되기도 했다. 국민인식 여론조사 역시 ① 24개 개헌 쟁점에 대한 인지도와 찬반, ② 24개 쟁점 중 시급하다고 판단되는 쟁점, ③ 헌법개정의 필요성 및 시기, 범위, ④ 국민의 정치적 견해, ⑤ 인구학적 특성 문제에 대한 조사가 진행되었다. 문제는 헌법전문 수정이나 기본권 확대, 4년 중임제, 감사원 독립성 강화, 예산법률주의 도입이나 대통령 권한의 축소 등 공감대가 형성된 이슈들도 있지만 지방분권 관련 조항, 국무총리의 국회 선출, 기본권 주체의 확장, 공무원 노동3권 보장 등에서는 반대가 많았고, 찬반이 팽팽한 의제도 존재했다(청와대 2022, 59-63).

당시 여론을 보면, 〈그림 36〉처럼 2017년 12월 말 조사는 개헌에서 "가장 중점을 두어야 할 분야"에 대해 "기본권 확대"를 꼽은 응답이 34%, "정부형태"를 꼽은 응답은 25%, "경제사회 분야"를 꼽은 응답은 21%, "지방분권" 8%, "정당/선거 분야" 7%로 관심이 분산되어 있었다. 〈그림 37〉의 2018년 개헌논의가 본격화되던 시점의 여론을 보면, 개헌 쟁점별로 찬반 분포가 엇갈리고 있음이 확인된다. 2018년 MBC·코리아리서치의 개헌인식조사에서 수평적 권력분산의 핵심의제로서 국민헌법토론회의 토론의제기도 했던 "국회의 국무총리 추천/선출" 건에 대해서는 반대가 57%로 높지만, "토지공개념" 도입 등의 이슈에 대해서는 찬성이 64%로 높았다. 허석재의 연구나 청와대의 문재인 정부 국정백서에서도 지적하듯이 헌법전문 이슈나 기본권 확대 이슈 등에서는 대체로 국민들의 합의 수준이 높았던 반면, 지방분권이나 권력구조 이슈에서는 상당한 이견이 존재했다(허석재 2018; 청와대 2022). 특히 많이 논의되어 온 대통령 중임제 개헌안만 하더라도 앞의 〈그림 35〉처럼 여러 안들 중 택일할 경우 가장 많은 지지를 받지만, 〈그림 38〉처럼 대통령제에 한정해 현행 5년 단임제와 4년 중임제로 좁히면 선호 차이는 크게 줄어든다. 또한 초기 개헌 단계에서 개헌안에 포함시키고 싶어 한 "비례제 확대" 안의 경우 해당 안에 대한 동의 여부로 물어보면 찬성여론이 높지만, 〈그림 39〉처럼 지역구 단순다수제(지역구에서 다수 득표자 당선) 대 정당비례제(정당 득표율에 따라 의석 배분)로 택일하면 현행 지역구 단순다수제 지지가 높다(정한울 · 허석재 2018). 이는 최근에 진행한 한국행정연구원의 〈한국 정치 양극화와 제도적 대안에 관한 국민인식조사〉에서도 지역구 의석과 비례의석 배분에 대한 태도조사를 보면, 일관되게 비례대표 확대에 부정적인 여론이 확인된다. 여기서 궁금증이 생긴다. 토지공개념 포함에는 찬성하는데 중임제 개헌에는 반대하고 비례제 축소를 바라는 사람은 개헌 투표 시 어떻게 투표해야 할까.[34)]

〈그림 36〉 개헌의 중점 분야 (%)

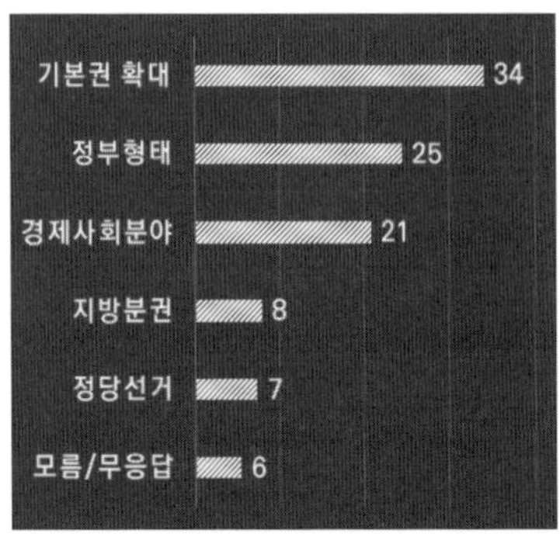

자료: MBC · KRC(2017. 12. 27~28)

〈그림 37〉 엇갈린 개헌안 여론 (%)

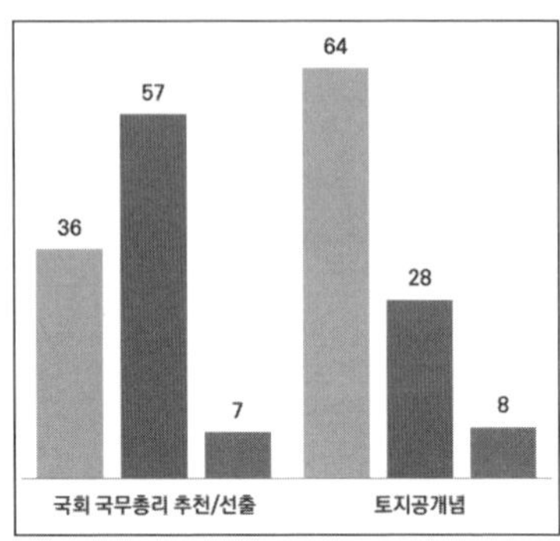

MBC · KRC(2018. 4. 3~4)

〈그림 38〉 개헌의 중점 분야 (%)

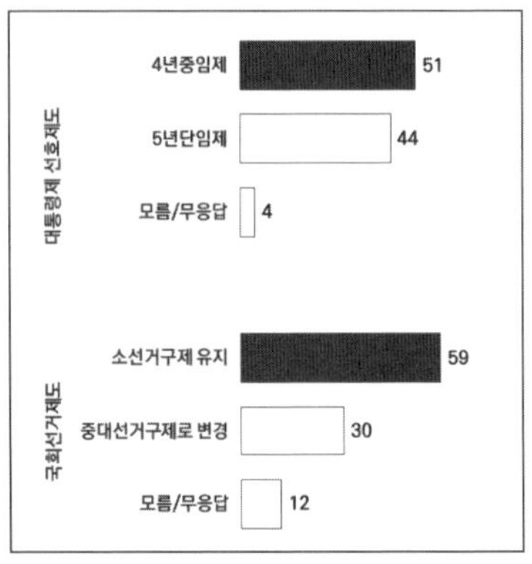

자료: KBS · 한국리서치 신년여론조사(2023. 1. 18)

〈그림 39〉 비례제에 대한 선호 (%)

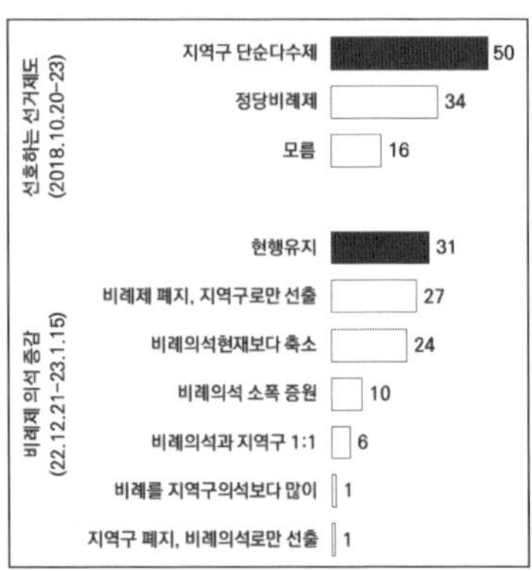

자료: 한국리서치 〈여론 속의 여론〉(2018. 10. 20~23),
한국행정연구원 · 한국리서치(2022. 12. 21~2023. 1. 15)

34) "국민 82% '비례대표 확대' 부정적…'소선거구제 유지'는 55%"(연합뉴스 2023/04/02).

총선 민심의 오해: 검찰개혁/적폐청산 제대로 해보라는 것이 총선 민심이었다고?

결과적으로 "촛불혁명의 완성=개헌"이라는 인식하에 개헌안이 추진되었지만 결과적으로 실패했다. 촛불이념 공방과 몇몇 이념적 쟁점에 대한 논란에 집중하며 정작 차분하게 숙의, 토론이 필요했던 개헌안의 주요 쟁점들에 대해 이렇다 할 논의도 진행되지 못한 채 2018년 5월 24일 국회의 대통령의 헌법개정안이 의결정족수 부족으로 최종 폐기되었다.

무엇보다 촛불의 제도화라는 목표를 내세워 임기 초반부터 시작된 헌법전문을 둘러싼 이념갈등과 '사회적 경제/토지공개념' 등이 포함된 헌법개정특위 자문위원회/더불어민주당 개헌안은 야당의 격한 반발을 불렀다. 대선과정에서 모든 후보들이 공약한 개헌에 대한 합의가 정치권에서부터 깨지기 시작했다. 보수층에서는 '촛불혁명' 등이 포함된 헌법전문은 더불어민주당의 강령전문을 헌법전문으로 옮겨 놓았다고 반발했다. 특히 "자유민주주의 체제의 변경 위험"이 큰 "사회주의 개헌"이라고 명명하며 이념적 쟁점화가 되었다. 따라서 정작 다양한 영역의 개헌안들에 대한 충분한 논의와 공론화 과정을 어렵게 했다. 보수층의 반발을 고려해 전문에서 '촛불혁명'은 빼고 '부마항쟁, 5·18민주화운동, 6·10항쟁의 민주이념'만을 포함하는 안이 최종적인 대통령 개헌안으로 제시되었지만, 이마저도 개헌 반대라는 야당의 입장을 되돌리지는 못했다.[35)]

둘째, 대통령 개헌안의 특정 영역의 과제들이 과연 촛불민의로 연결될 수 있는지에 대한 비판도 제기되었다. 특히 "대통령 4년 중임제"안이나 "선거비례제의 헌법조항 포함" 등이 촛불혁명의 개혁안으로 타당한지에 대한 비판도 제기되었다. 촛불집회 자체가 대통령의 권력남용과 견제 무력화에서 기인했는데, 정작 대통령의 임기를 확장하는 안과 어울리지 않는다는 것이다. 대통령 4년 중임제는 '대통령 권한 견제'나 '대표성/비례성'에 부합하는 개혁안이 아니라 촛불이전부터 대통령의 '책임성(장기적인 국정 추진)'과 '레임덕 방지' 등의 취지로 제기되어왔던 안이다. 촛불과 탄핵의 연장선에서 권력구조를 고려한다면 ① 대통령 권한 분산을 위해 제시되었던 국회의 국무총리 추천/임명제 등 수평적 권력분산(행정부–

35) "국회 헌법개정자문위 改憲案 자유민주주의 체제 변경 위험"(문화일보 2018/01/24); "'자유민주주의'에서 '자유'를 착오로 빼먹었다는 민주당"(한국경제 2018/02/02); "홍준표 文정권 헌법개정쇼, 사회주의로의 체제 변경 시도"(조선일보 2020/07/20); "'문재인 개헌안' 쓸쓸한 퇴장…정족수 부족으로 폐기"(중앙일보 2018/05/24); "국민발안제 개헌안 결국 폐기…통합당 집단 불참"(연합뉴스 2020/05/08)

의회-사법부)과 ② 중앙정부 집권을 약화시키고 지방정부로 분산하는 수평적 권력 분산이 필요한데, 이에 대한 논의는 오히려 부족했고, 여론의 지지도 확보되지 못했다. 당시 조사 결과들을 보면 수평적, 수직적 분산을 위해 개헌이 필요하다는 점과 개헌안에 포함된 기본권 확대나 사회개혁이슈들은 다수의 공감이 확보된 '합의이슈(valence issue)' 성격이 강했다. 그러나 구체적 개헌 쟁점별로는 반대가 많거나 찬반이 엇갈리는 쟁점들에 대해서는 '당파적 이슈/포지션 이슈(position)' 특성이 나타나고 있었다. 지방분권 관련 조항, 국무총리의 국회 추천/선출 등의 핵심 조항들에 대한 반대 여론이 확인되고 있었다(허석재 2018; 청와대 2022). 촛불민심으로 정당화하기에는 이슈별로 시민들의 태도가 복잡하게 교차하면서 개헌투표에 들어갔더라도 큰 혼선이 불가피했을 것이다.

셋째, 국민참여/숙의형 개헌을 주장했지만, 앞서 언급한 대로 학계에서도 "제헌헌법"에 준할 정도로 포괄적이고 광범위한 쟁점을 담았고, 이는 충분한 숙의참여를 거쳐 개헌을 추진하기에는 너무 촉박한 일정이었다. 2018년 2월 13일에 32명의 국민헌법자문특별위원회(이하 '국민헌법특위') 위원을 위촉해 불과 한 달 만에 자문위안이 대통령에게 보고되고(2018년 3월 13일), 불과 10일간의 내부검토과정을 거쳐 3월 20~22일까지 최종 대통령 개헌안을 발표해서 3월 26일 대통령 개헌안 발의가 의결된 후, 6월 13일 지방선거와 동시에 국민투표를 진행하는 일정이었다. 물론 포함된 개헌안에 대한 찬반양론은 있을지라도 논의가 필요한 의제들이 폭넓게 포함되었다는 긍정적인 평가와 함께 이전과 다르게 국민헌법 대토론회 등의 공론토론과정이나 여론조사, 전국 순회 간담회 등 이전 시기에 비해 개헌 민의를 수렴하기 위한 과정을 거치기 위해 노력했다는 점은 평가할 만하다(김종철 2018a, 2018b). 그러나 개헌 영역이 의견수렴을 위해 자체 여론조사에 포함시킨 쟁점만 24개이고, 한 번도 도입되지 않았던 제도들이 많이 포함되었기에 충분한 홍보와 숙의과정이 더욱 필요했다고 볼 수 있다. 또한, 숙의형 토론과정이나 여론조사에 배제된 쟁점들도 다수 존재했다는 점을 고려할 때 그 짧은 시간에 '국민참여', '국민숙의'에 기반한 개헌을 이룬다는 것은 비현실적이었다는 비판이 논의 초기부터 제기되었다(장영수 2018a; 2018b).

2020년 5월, 20대 국회 막바지에는 국회의장과 여야의원 148명이 주도해 선거권자 100만 명이 헌법 개정안을 발의할 수 있도록 한 국민발안제도 개헌을 추진했다. 이 역시 야당 의원들의 집단 불참으로 의결정족수를 충족하지 못해 투표 불성립으로 무산되었다. 정작 개헌을 위해 필수적인 야당의 참여와 동의를 확보하려는 설득 노력이 부족했다는 점도 개헌 무산의 주된 요인 중의 하나였다. 물론 촛불과 탄핵 여파로 제1야당이 소위 '막말', '반대를 위한 반대', '이념적 쟁점화'에 올인하고 있는 상황에서 여야 협의 과정이 부실했던 책임을 정부와 민주당에만 묻는 것은 어렵다.[36] 그러

36) "전문부터 권력구조까지 곳곳 논란… 여야 합의 개헌안 '난망'"(한국경제 2018/02/02); "'촛불혁명', 보수층 반발 우려 전문서 빠져"(세계일보 2018/03/13)

나 방대한 개헌 조항 대비 짧은 추진 일정이라는 구조적 제약을 스스로 만든 책임과 기간이 촉박하거나 충분한 숙의와 대비가 필요한 신생 쟁점들이 다수 포함되었다는 점에서 더더욱 시민 공론화뿐 아니라 의회 및 반대파 설득이 중요했다는 점은 부정할 수 없다. 의회 설득 대신 대통령 발의나 이후 국민발안제로 의회를 우회하려 했다는 점은 비판받을 지점이었다. 근원적으로는 촛불의 성격에 대한 역사적 평가가 진행 중인 상황에서 무리하게 "촛불혁명"을 헌법전문에 포함시키려 하거나 이념적 갈등이나 시민들의 인식 차이가 큰 사안들을 개헌안에 포함시킨 것은 과욕으로 보인다. 이러한 무리한 추진 이면에는 촛불혁명을 계승하고 다수 국민의 지지를 얻은 촛불정부라는 자의식이 과도한 의제 확장과 급박한 추진일정을 감수하게 한 오해의 출발점으로 볼 수 있다. 결과론적인 이야기지만, 2020년 총선을 목표로 꾸준하게 개헌 공론화 작업을 진행해나가고, 야당과 국민을 설득하는 점진적 방식을 추진하는 방식이 현실적이지 않았을까? "혁명정부"라는 자기 설정이 국민들의 동의나 의회 설득을 우회할 정당성을 보장해주지 않는다.

프라이밍 전략의 실패:
적폐청산 우선인가? 통합 우선인가?

촛불혁명의 완수를 내세운 문재인 후보와 더불어민주당은 대통령 선거 공약으로 촛불혁명 이후 12대 개혁 과제를 제시했고, 이는 대선 승리 이후 2017년 문재인 정부의 100대 국정 과제의 전략적 과제로 유지되었다. 앞의 〈표 2〉의 문재인 정부 100대 국정과제를 살펴보면 촛불 민주주의의 과제는 정치적으로는 (1) 촛불혁명의 제도화(촛불개헌) 및 적폐청산(검찰개혁), (2) 직접민주주의적 참여의 확대(국민청원/주민소환제 도입), (3) 개헌과 선거제도 개혁 구상(대통령 중임제/연동형 비례제)으로 구체화되었다. 반면 사회경제적으로는 (1) 소득주도 성장론, (2) 문재인 케어로 대표되는 포용적 복지제도의 확장, (3) 차별 없는 공정사회로 진입, (4) '4차산업혁명' 드라이브 등의 미래성장 동력 확보, (5) 신고리 원전 공론화로 대표된 탈원전 정책 추진이 핵심 국정의제로 떠올랐다. 외교안보 차원에서는 남북평화체제와 비핵화 구상이 문재인 정부의 핵심 국정이었음이 확인된다(강우진 2019; 강원택 2017; 손호철 · 김호기 2017; 이윤경 2019; 이지호 외 2017).

문재인 대통령과 더불어민주당은 그중에서도 촛불혁명, 촛불민주주의의 최대 과업을 적폐청산으로 집약했다. 문민정부 100대 국정과제의 제1의 목표를 "국민이 주인되는 정부"로 설정하고, 이를 위한 최우선 전략으로 "국민주권의 촛불 민주주의" 실현을 내세웠다. 문재인 정부의 국정의제 설정과 구체적인 목표가 "촛불"을 통해 정당화되고 있음을 보여주는 대목이다. 이를 실현하기 위한 제1의 국정 목표가 바로 "적폐의 철저하고 완전한 청산"으로 설정되었다(〈표 2〉). 적폐청산은 촛불 국면이 마무리되고 대선 국면으로 전환되는 과정에서 촛불집회 주최 측에 의해 촛불집회의 핵심 구호로 등장했다. 촛불혁명의 계승을 표방한 문재인 정부도 최대 핵심과제로 적폐청산을 내세웠다는 점에서 촛불혁명 완수를 사명으로 하는 정부로서 자연스러운 행보로 보인다.

그러나 '적폐청산'이 촛불정국이 마무리되고 대선 및 이후 문재인 정부의 핵심과제로 적정했는지 의문이다. 상징적 의미로 "촛불혁명"이라는 네이밍은 타당했을지 모르지만, 촛불과 탄핵이라는 '비정상적(abnormal) 정치적 쇼크'와 '제도의 위기' 후에 등장한 정부이기에 새 정부의 국정 방향과 전략을 설정하는 과정에서 촛불민심에 대해서는 면밀한 이해에 기반해야 했고, 제도의 정상화, 안정화에 초점을 맞춰야 했다. 여러 사회 대개혁의 과제를 촛불집회의 요구로 확장하려던 촛불정리기의 집회 주최 측의 기대와 달리 촛불의 최대 공약수인 '대통령 탄핵'이 관철되자 대통령 선거와 제도의 정상화로 관심이 이전되었다.

그러나 문재인 정부의 등장 이후 집권구상은 촛불집회 주최 측과 촛불혁명론에 대한 과도한 의미부여에 기반하고 있었던 것으로 보인다. 과연 촛불민심은 '적폐청산'에 기반한 '혁명적' 사회대개혁에 초점을 두고 있었나? '적폐청산'은 남북정상회담 국면, 코로나19 국면으로 국정의 초점이 대외요인과 예상하지 못한 팬데믹 대응 시점을 제외하면, 문재인 정부가 일관되게 추진하려고 했던 핵심 과제였다. 임기 초부터 '적폐청산위원회'를 구성하고, 국정농단 책임자와 관련자들에 대한 강력한 수사와 처벌에 힘썼다. 사실

정권교체의 주역이 된 윤석열 대통령, 한동훈 현 법무부 장관 등은 이 시기 적폐수사과정에서 문재인 정부에 중용되고, 더불어민주당의 엄호 속에서 검찰 수뇌부로 올라설 수 있었다. 그러나 적폐청산의 가속화를 위한 '조국 법무부 장관 임명' 강행으로 드라이브를 걸었으나 여론의 역풍으로 중단되었고, 코로나19 기간 중 K-방역에 집중하며 총선에서 180석 압승이 가능했다. 그러나 코로나19 국면 생활방역 단계로 완화되자마자 소위 적폐청산/검찰개혁 의제가 수면 위로 부상하고 '추-윤 갈등'이 본격화되었다. 이미 여러 연구들을 통해 확인되어왔지만 고공행진 대통령 지지율과 더불어민주당의 압승을 가능하게 한 '촛불탄핵 유권자정치연합(탄핵정치연합)'이 해체되고 급격한 이탈민주층이 발생하는 데 '적폐청산/검찰개혁' 드라이브가 큰 역할을 했다(정한울 2022a, 2022b). 그런 점에서 문재인 정부는 취임 이후 일관되게 '적폐청산/검찰개혁'을 촛불혁명을 완수하고 계승하는 핵심과제로 설정한 셈인데, 결과적으로 '적폐청산/검찰개혁' 의제가 부상하지 않았던 시점에 선거 및 국정 성적이 좋았고, 반대로 "적폐청산/검찰개혁" 의제가 불거지면 국정평가도 선거 성적도 타격을 받는 역설이 발생했다.[37)]

37) "민주당 적폐청산위원회 출범"(세계일보 2017/08/14); "당정청 "공수처 설치, 촛불혁명의 요구…국정과제로 반드시 실현""(서울신문 2017/11/20); "조국, 패스트트랙 지정에 "촛불혁명 시민요청, 법제화 시작""(연합뉴스 2019/04/30); "文 "추 · 윤 혼란 죄송" 공수처법 밀어붙인다""(서울신문 2020/12/08); "공수처 · 경제 3법 주내 처리… 文까지 나섰다"(조선일보 2020/12/08)

민심과 동떨어진 의제우선순위, 정권교체의 불씨가 되다: 통합 우선론 대 적폐청산 우선론

왜 그런가? 문제의 근원은 촛불민심에 대한 일면적, 자의적 이해로부터 출발했다. 대통령 선거 압승 및 보수야당의 분열과 지지율 하락(필자의 표현으로는 '잔류보수'와 '이탈보수'의 분열 및 이탈보수의 더불어민주당 지지층으로의 전향)으로 눈에 들어오지 않았지만, 이미 대선 직후 조사에서 여론은 문재인 정부와 더불어민주당 주류가 내세운 '적폐청산'이라는 의제에 대한 공감이 취약했다. 다음 〈그림 40〉에서 확인되듯이 2017년 대선 직전 실시한 동아시아연구원·한국리서치 1차 패널조사 결과에 따르면, 차기 정부가 추진해야 할 국정 방향으로 '적폐청산을 우선해야 한다'라는 응답은 42%에 그친 반면, 과반을 넘는 55%가 '국민통합이 더 중요하다'라고 답했다. 또한 〈그림 41〉은 촛불 제2국면에 실시한 한국일보·

한국리서치 2월 24~25일 조사에서 "차기 대선에서 더불어민주당의 후보가 당선될 경우, 다른 정당들과 공동정부 혹은 연립정부를 구성해야 한다는 주장에 대해 어떻게 생각"하는지 물어본 결과다. "정당을 구분하지 말고 다른 정당과 공동정부/연립정부를 구성해야 한다"라는 대연정 의견이 39%, "자유한국당 혹은 바른정당과는 공동정부/연립정부를 구성하지 말아야 한다"라는 소연정 의견(=국민의당/정의당과 연정)이 22%였다. "국민의당이나 정의당과도 공동정부/연립정부를 구성하지 말아야 한다"라는 연정 반대의견은 6%, "잘 모르겠다"라는 연정에 대한 유보적 의견이 33%였다. 헌재 탄핵재판을 앞두고 촛불참여도가 다시 고조되는 시점이었음에도 불구하고, 연정에 우호적인 여론이 다수였던 셈이다.

〈그림 40〉 차기 정부의 국정 우선순위 (%)

EAI · 한국리서치 KEPS 패널조사 1차 (2017. 4, n=1,500)

〈그림 41〉 민주당 승리 시 연정 방향 (%)

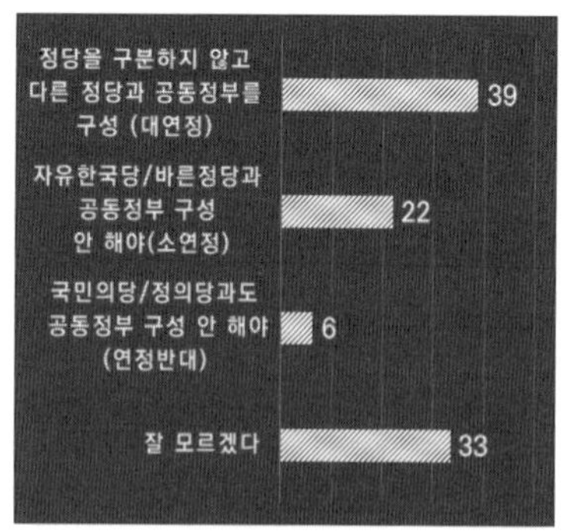

자료: 한국일보 · 한국리서치(2017. 2. 24~25, 1,000명)

〈표 10〉에서 볼 수 있듯이 해당 조사에서 탄핵에 반대/유보했던 층은 물론이고, 박 대통령 탄핵이라는 촛불의 목표에 동의했던 다수 응답자 중에서도 '적폐청산'은 다수 의견이 아니었다. 촛불을 이끌었던 박근혜 대통령 탄핵에 찬성한 유권자층에서조차 '적폐청산이 더 중요하다'라는 입장은 48%, '국민통합이 더 중요하다'라는 응답은 50%로 팽팽했다. 탄핵에 반대(221명)하거나 유보한 응답

〈표 10〉 탄핵찬반 여부와 국정 방향 (%)

구분		차기정부 국정과제			
		적폐청산 우선	국민통합 우선	기타 유보	전체
박근혜 대통령 탄핵	찬성(1,229명)	48	50	2	100
	반대(221명)	17	77	5	100
	유보(50명)	8	73	19	100
	전체(1,500명)	42	55	3	100

자료: EAI · 한국리서치 KEPS 패널1차 (2017. 4. n=1,500)

〈표 11〉 촛불참여 여부와 국정 방향 (%)

구분		차기정부 국정과제			
		적폐청산 우선	국민통합 우선	기타 유보	전체
촛불 집회 참여	참여(358명)	62	37	1	100
	불참(1,042명)	33	63	4	100
	전체(1,500명)	42	55	3	100

자료: EAI · 한국리서치 KEPS 패널1차 (2017. 4. n=1,500)

층(50명)에서는 적폐청산을 우선해야 한다는 입장이 73~75%로 압도적이었다. 박근혜 대통령 탄핵에 80% 넘는 국민들이 동의했던 것과 달리 적폐청산 중심의 국정운영보다 통합지향적인 국정운영을 기대했던 여론이 다수였고, 이는 촛불을 지지한 사람들 내에서도 의견이 엇갈리는 사안이었던 셈이다. 그러나 앞의 〈표 11〉에서 촛불집회 참여 경험이 있었던 응답자 31%(358명) 중에서는 '적폐청산'이 우선이라는 여론이 62%로 다수였고, 참여 경험이 없는 69%의 응답자(1042명) 중에서는 '국민통합'이 우선이라는 입장이 63%였다. 여기서 딜레마는 촛불정신을 촛불참여자에서 찾을 것인가, 아니면 참여하지 않았더라도 탄핵에 찬성했던 촛불동조자에서 찾을 것인가의 선택 문제가 발생한다. 촛불정신을 협소하게 실제 참석하며 촛불정국을 주도했던 30%가량의 유권자들에서 찾을 것인가, 탄핵과 촛불을 뒷받침했던 다수여론에 초점을 맞추느냐에 따라 '적폐청산'을 국정의 최우선 과제로 삼느냐, 국민통합을 중시하는 통합적 국정운영을 중시할 것인가 방향이 결정될 것이다. 문재인 정부와 더불어민주당은 '촛불혁명'을 우선했다.

앞서 살펴본 대로 촛불참여 국면이 일단락되고, 다수 시민들의 관심이 대통령 선거 및 정상적인 대의제도로 무게중심이 이동한 점을 고려하면, 문재인 정부 등장 이후에는 촛불참여자에만 초점을 맞추기보다는 전체 시민여론으로 시선을 확장하는 것이 타당했다. 촛불에 참여하지 않았지만, 촛불과 탄핵을 지지했던 다수의 유권자가 문재인 대통령과 더불어민주당을 지지했다는 점을 감안하면, 촛불참여자의 '혁명적' 정서에만 의존함으로써 촛불과 탄핵에 대한 광범위한 지지층 내의 균열 요인을 스스로 만들어낸 셈이다. 중요한 것은 적폐청산을 우선하는 선택을 하더라도 탄핵을 지지했던 80% 이상의 시민들 중에서 과반이 국민통합을 우선해야 한다고 답한 문제의식에 대한 이해와 이들의 우려에 대한 대비책을 갖고 추진하는 것이 필요했다. 그러나 문재인 정부와 더불어민주당은 촛불과 탄핵 지지층 내에 이러한 인식 차이가 있다는 점을 이해하지 못하고, 촛불민심을 협소하게 적폐청산으로 환원한 것이 문제의 출발점이었다.

왜 대통령 탄핵을 지지하고, 촛불을 응원한 사람들 중 일부가 적폐청산 우선론에 손을 들지 않은 이유는 무엇인가? 탄핵인용 결정 이후 한국사회의 진로에 대해서는 기대감과 우려가 공존하고 있었다. 앞에서 살펴본 대로 촛불의 최절정기에서조차 대통령은 탄핵하더라도 황교안 총리의 사퇴에는 반대하는 여론이 팽팽하게 존재했던 맥락을 떠올릴 필요가 있다. 즉 촛불과 탄핵은 필요했지만, 그 과정에서 발생한 사회갈등과 제도적 불안정에 대한 우려가 작동했던 것으로 보인다. 헌재의 탄핵재판 이후 실시한 서울경제·한국리서치 3월 조사에서 헌재 탄핵인용 결정 이후 한국사회 갈등에 대해 물어본 결과, 절반인 51%는 "탄핵과정에서의 갈등이 해소될 것이다"라고 낙관했지만, 33%는 "현재 수준의 갈등이 유지"되거나 17%는 "갈등이 더 심해질 것이다"라는 우려도 존재했던 것이다(〈그림 42〉).

또한 정치적 갈등 국면을 넘어 경제와 민생을 우선하기 바라는 여론도 사회 갈등 수준을 강화할 적폐청산보다 사회통합 환경을 선호하는 여론을 뒷받침했을 것으로 보인다. 〈그림 43〉에서 2017년 문재인 대통령 당선 직후 조사한 동아시아연구원 패널조사에서 "차기정부 최우선 국정과제"가 무엇이라고 보는지 물어본 결과, 전체 응답자 1,157명 기준으로 "경제성장"이 23%로 1순위, "일자리"가 20%로 2순위, "복지"가 9%로 대체로 민생과 관련된 과제들이 상위 순위로 꼽혔다. "정치개혁"이나 "재벌개혁", "지역균형" 같은 사회대개혁과 연결되는 의제를 꼽은 응답은 각각 상대적으로 소수였다. 탄핵찬성층도 전체 응답자 결과와 차이가 없었다. 다만 보수성향의 탄핵반대층에서 '안보'를 꼽은 응답이 많았던 것을 제외하면, 차기 정부의 국정 방향에서 민생경제 관련 의제를 중시해

〈그림 42〉 탄핵인용 이후 사회갈등 전망 (%)

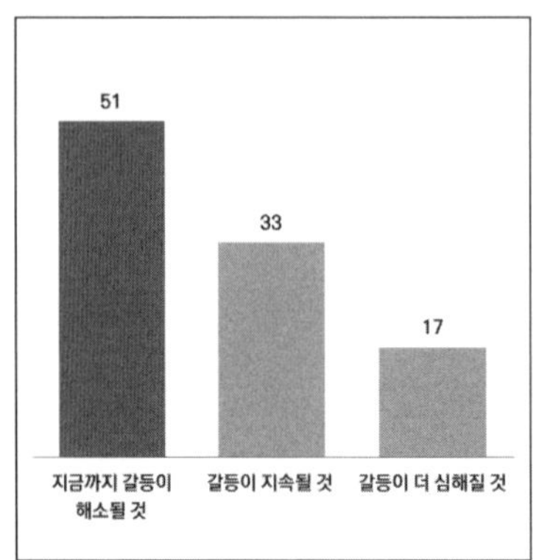

자료: 서울경제 · 한국리서치(2017. 3. 10~11. 1,000명)

〈그림 43〉 문재인 정부 최우선 과제 (%)

	탄핵찬성층	탄핵반대층	전체
경제성장	23	22	23
일자리	22	12	20
정치개혁	15	14	15
안보	10	32	14
복지	10	5	9
국민통합	7	8	7
재벌개혁	8	1	7
지역균형	3	2	3
개헌	1	1	1
모름/무응답	1	2	1
	100	100	100

자료: EAI · 한국리서치 KEPS 패널2차 (2017. 5. n=1,157)

주길 바라는 여론이 다수였음을 확인할 수 있다.

문재인 정부와 더불어민주당은 대선 직후인 2017년 7월부터 당정 양면으로 적폐청산 과제를 본격적으로 추진하기 시작했다. 정부 부처별로 '적폐청산위원회'를 구성하도록 독려하고, 군/국정원/검찰/경찰/국세청/감사원 등의 권력기관은 대선 등 국내 정치 개입, 대선 개입 수사 관련 외압 및 조직적 축소 의혹, 정권 맞춤형 표적 수사·감사·세무조사, 우병우 전 민정수석의 개입 의혹 등 권력기관의 정치적 중립 위반 사건을 적폐청산 과제로 설정했다. 국토교통부·환경부는 4대강 사업, 방송통신위원회/문화체육관광부는 공영방송 등 언론 공정성 침해, 국방부는 방산비리, 기획재정부/공정거래위원회는 불공정 거래, 담합 의혹, 권력형 예산 편성, 산업통상자원부는 자원외교 등을 적폐청산 과제로 설정했다. 당 차원에서도 '적폐청산위원회(위원장: 박범계 의원)'를 구성하고 적폐청산의 과제 설정과 모니터링 활동을 본격화했다(더불어민주당 적폐청산위원회 제2차 회의 서면 브리핑, 2017/08/22).

그러나 초기 적폐청산 과제의 핵심은 역시 두 전직대통령에 대한 사법처리에 초점이 맞춰져 있었다. 2017년 3월 탄핵 이후 박근혜 전 대통령의 구속, 2018년 3월 이명박 전 대통령이 구속되었다. 2018년 10월 이명박 대통령의 상고심에서 최종 징역 17년형·벌금 130억 원·추징금 57억 8,000여만 원이 확정되고, 박근혜 대통령은 2021년 1월 14일에야 직권남용·강요 등 18개 혐의(이후 국고손실 등 2개 혐의 병합)에 대해 징역 20년·벌금 180억 원·추징금 35

억 원 선고, 공직선거법 위반 혐의에 대해 징역 2년형이 확정되면서 최대 핵심 과제가 일단락되었다.[38)]

두 전직 대통령 사법처리가 완료되거나 진전되면서 2019년 4월에는 연동형 비례제 도입을 골자로 한 선거법 개혁안, 검찰개혁 법안(공수처 설치법안, 검경수사권 조정법안)을 패스트트랙 법안으로 지정하고 12월에는 '4+1'(민주당 · 바른미래당 · 정의당 · 민주평화당+대안신당) 공조를 통해 법안처리를 강행했다. 2020년 1월 추미애 법무부 장관 임명과 함께 본격적인 적폐청산 개혁을 추진하려던 구상은 2020년 코로나19의 쇼크로 숨 고르기를 할 수밖에 없었으나 2020년 총선 이후 본격적인 추미애 장관 주도의 적폐청산/검찰개혁 추진 과정에서 윤석열 검찰총장과의 소위 '추윤갈등'은 정국의 핵심 의제로 떠올랐다.[39)] 이 과정에서 여론의 역풍이 불어 대통령 지지율과 더불어민주당 지지율이 변동하면서 추미애 장관은 사퇴하고, 문재인 정부는 이후 '코로나19/민생 우선 전략'으로 지지율 회복에 나서게 되었다. 개헌 이후 촛불혁명 정부의 최대 과제로 내세운 '적폐청산/검찰개혁'은 역으로 대통령 지지율을 잠식하고, 더불어민주당 우위의 '탄핵유권자 정치연합'의 해체를 촉발시키는 역할

38) "'삼성 뇌물 · 다스 횡령' 이명박 전 대통령, 징역 17년 확정"(KBS 2020/10/29); "박근혜 국정농단 사법부 최종 결론 났다…징역 20년 확정"(중앙일보 2021/01/14). 윤석열 대통령은 박영수 특검의 수사팀장으로서 두 전직 대통령의 구속을 이끌었고, 한동훈 비대위원장도 이명박 구속 수사를 이끌었다. 특검 종료 후 윤석열 대통령은 대전고검 검사에서 서울지검장으로, 한동훈 차장검사가 서울중앙지검 3차장으로 파격 승진했다. "'검사 윤석열'이 잡은 범죄자들, '대통령 윤석열'이 다 풀어줬다"(한겨레 2022/12/28); "'MB 구속' 수사팀 이끈 한동훈 차장검사는 누구?"(경향신문 2018/03/23)

39) "[결산 2019] 1년 내내 패스트트랙 충돌…'최악의 국회' 오명"(연합뉴스 2019/12/18)

을 했다(정한울 2022a, 2022b).

180석 승리에 대한 오판

그러나 대선 이후 지방선거, 총선에서의 연승은 '적폐청산'을 촛불정부의 핵심 과제로 내세운 문재인 정부와 더불어민주당의 잠재적 위험에 대한 경각심을 마비시켰다. 집권 초기 개헌드라이브의 실패에도 불구하고, 2018년 평창동계올림픽의 성공적 개최와 곧바로 이어진 2차례의 남북정상회담과 북미정상회담의 평화국면에 대한 기대감이 긍정적 여론을 고양시키면서 하락하던 지지율을 다시 상승세로 돌려놓았다. 앞의 〈그림 3〉에서 2017년 8월 82%로 출발한 국정 지지율은 12월 66%까지 하락했지만, 2018년 지방선거 전후 6월 조사에서 78%로 회복했다. 제7회 지방선거에서 더불어민주당은 압도적인 승리를 했다. 이후 무리한 소득주도성장 정책과 조국 법무부 장관 임명 및 사퇴에서 공정성 논란을 거치며 2019년도 내내 대통령 지지율은 과반 밑으로 내려왔고, 지지와 반대가 팽팽하게 맞서는 국면으로 전환되었다. 그러나 2020년에 접어들며 코로나19에 대한 K-방역의 성과로 대통령 지지율은 다시 63% 수준까지 반등했고, 더불어민주당과 위성정당인 더불어시민당은 4·16 21대 총선에서 180석이라는 유례없는 승리를 얻을 수 있었다.

“적폐청산/검찰개혁=정치보복, 제대로 해보라는 위임인가”[40]

2020년 6월 총선에서 승리하자 문재인 정부는 추미애 법무부 장관을 필두로 적폐청산의 과제를 검찰개혁으로 초점을 맞추었다. 정부여당은 180석의 선거 압승을 “촛불의 승리”라고 주장하며, 문재인 정부의 개혁을 “제대로 해보라”라는 민의로 해석했다.[41] 이에 선거 직후부터 비례당 대표는 총선 다음 날 “윤석열 당신의 거취를 묻는다”라며 윤석열 검찰총장에 대한 공세를 시작했고, 당선자 일각에서는 “부패한 것들, 세상이 바뀐 대로 갚아주겠다”라며 정치 보복을 예고하는 경고 멘트까지 날리기도 했다. 총선 승리 이후 전임 대통령 수사에서 문 정부 수사로 타깃을 수정한 윤석열 총장에 대한 거취까지 언급하며 “총선민의를 앞세워 연말까지 몰아친다”라는 언급까지 나오기 시작했다.

그러나 총선 직후 실시한 시사인·한국리서치 조사에 따르면 여당이 승리한 요인으로 “대통령과 정부여당이 잘해서”는 26%, “미래통합당이 잘못해서”라는 응답이 61%로 반사이익이 컸다. 문재

40) “‘총선민의’ 앞세운 민주당, 연말까지 몰아친다”(내일신문 20/07/31); “‘180석’ 민주당 · 시민당 윤석열 흔들까…“검찰수사 개입 의도 역풍” 우려도”(세계일보 20/04/17); ““서초동 촛불, 윤석열 거취 묻는다”…與 180석 친조국 후폭풍 부나”(조선일보 20/04/17); “〈사설〉총선 이튿날 ‘윤석열 퇴진, 국보법 폐지’ 꺼낸 與 본색”(문화일보 20/04/17); “與비례당 대표, 총선 다음 날 “윤석열 당신의 거취 묻는다””(조선일보 20/04/17); “최강욱 선전포고 부패한 것들, 세상이 바뀐 대로 갚아주겠다”(중앙일보 20/04/18); “민주당, 헌정 사상 첫 4번 연속 승리…주류 바뀐 한국 정치”(YTN 20/04/18); “민주당 승자 3인의 다짐장 “여당 압승은 제대로 해보라는 당부”(한국일보 20/04/18)

41) “[선택 6 · 13] 푸른 민심, 촛불혁명을 완성하다”(서울신문 2018/06/14); “촛불혁명 완성… 17개 시도 의석 얻어 전국적 승리”(서울신문 2020/03/30); “‘촛불혁명 완결’ 주권자의 주문…진영논리 틀부터 깨자”(한겨레 2020/05/31)

〈그림 44〉 더불어민주당 승리 요인 (%)

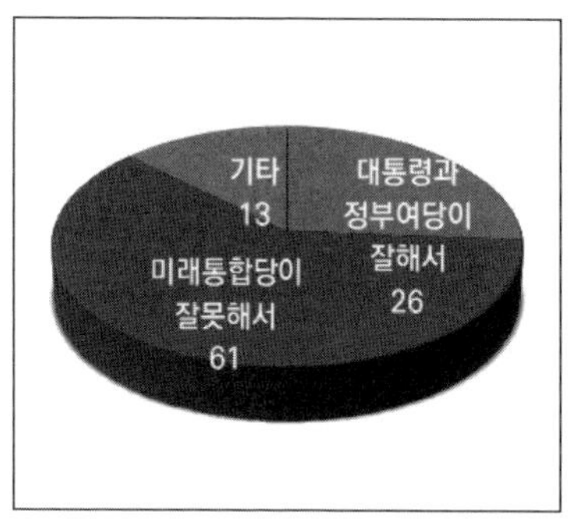

자료: 시사인 · 한국리서치 총선인식조사
(2020. 4, n=1,100)

〈그림 45〉 문재인 정부 정책 평가 (%)

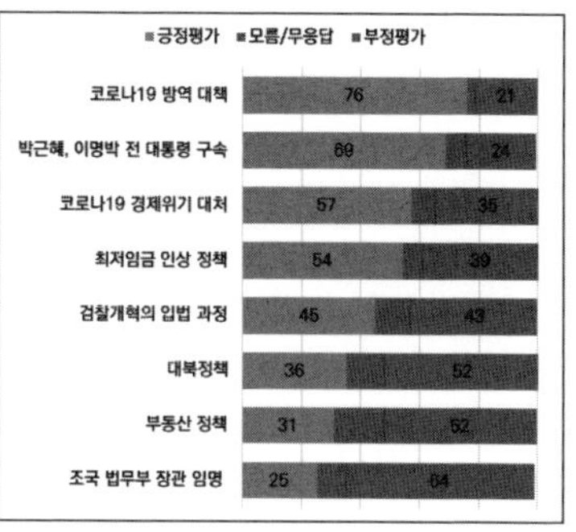

자료: 시사인 · 한국리서치 총선인식조사
(2020. 4, n=1,100)

인 정부 자력 요인을 살펴보면 "코로나19 방역 대책"에 대해 긍정평가가 76%, "박근혜, 이명박 전 대통령 구속"이 69%, "코로나19 경제위기 대처"가 57%로 높은 평가를 받았고, "최저임금 인상 정책"에 대해서도 긍정평가가 54%로 높았다. 그러나 "검찰개혁의 입법과정(패스트트랙)"에 대해서는 긍정평가가 45%, 부정평가가 43%로 찬반이 엇갈렸고, "대북정책", "부동산 정책"에 대해서는 부정평가가 각각 52%, "조국 법무부 장관 임명"에 대해서는 부정평가가 64%로 이미 이 시기부터 민심 이탈의 조짐이 나타나고 있었다.

또한 과연 180석을 몰아준 유권자들은 실제 더불어민주당의 압승 결과에 어떻게 생각하고 있었을까? 다음 〈그림 46〉에 의하면 "더불어민주당이 180석을 얻은 결과"에 대해 어떻게 생각하는지 물어본 결과 "마음껏 해보라"라는 의미로 받아들인 정부여당 의원들과 달리 "과도하다"라는 응답이 55%로 예상 이상으로, 많은 의석이 집중된 것에 대한 우려가 느껴지는 결과다. "적절하다"라는 응답이 32%, "부족하다"라는 응답은 7%에 그쳤다. 더불어민주당 지지자, 열린민주당 지지자들과 진보층에서만 적당한 의석이라는 평가가 과반을 넘었지만, 반대층인 미래통합당 지지층이나 보수층에서는 "과도하다"라는 응답이 86~95%에 달할 정도로 우려감이 컸다. 그러나 보다 중요한 결과는 무당파나 중도층에서도 "과도한 의석"이라는 경계감을 표하는 응답이 59~63%에 달하고 있다는 점이다. 더불어민주당 우위의 탄핵정치연합과 문재인 대통령 지지율 고공행진 현상 자체가 중도/무당파층의 지지에 근거하고 있는데, 이러한 우위를 유지하기 위해서는 총선 이후 국정운영과정에서 이들의 우려를 완화시키는 것이 총선 이후 핵심과제였던 셈이다.

적폐청산보다 통합과 안정 우선하라

실제로 총선 이후 국정운영 방향에 대해 질문한 결과를 보면, 총선 민심을 적폐청산-검찰개혁 이슈에 집중하라는 메시지로 이해한 정부여당의 생각은 큰 오해였음이 분명하다. 〈그림 47〉에서 적폐청산 우선론에 국민통합 우선론의 질문을 총선 직후에 반복해 보니 역시 "국민통합이 우선"이라는 응답이 역시 56%로 다수였고 "적폐청산이 우선"이라는 응답은 37%로 소수에 그쳤다. 여론은 통합적 국정운영을 바라는데 앞의 정치보복예고와 같은 강경 반응은 여론의 반발을 유발하기에 충분했다. 또한 향후 국정운영의 방향으로 "개혁을 우선"해야 하는지 "안정을 우선"해야 하는지 물어본 결과 "안정을 우선해야 한다"라는 응답이 무려 69%에 달했다. "개혁을 우선하라"라는 여론은 27%에 그쳤다. 결과적으로 "탄핵"의 정당성을 부정하고, "반대를 위한 반대"라는 네거티브 정치에 몰입하던 보수당에 대한 심판을 위해 더불어민주당에 힘을 실어주었지만, "예상 밖의" 180석 대승이 안정과 통합적 국정운영을 바랐던 여론과 달리 개혁과 적폐청산 드라이브에 몰입하는 것에 대한 우려였다고 볼 수 있다.

〈그림 46〉 180석 민주당 의석 평가 (%)

	과도하다	적당하다	부족하다	모름/무응답
전체	55	32	7	6
더불어민주당	28	57	12	2
열린민주당	33	56	12	0
무당파	63	15	1	21
정의당	67	21	5	7
미래통합당	95	2	2	
진보	33	53	12	2
중도	59	28	4	9
보수	86	8	3	4

자료: 시사인 · 한국리서치 총선인식조사 (2020. 4, n=1,100)

〈그림 47〉 총선 이후 국정 방향 (%)

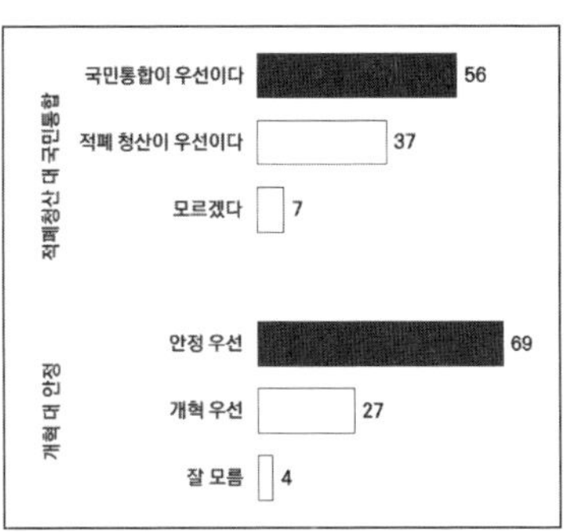

자료: 시사인 · 한국리서치 총선인식조사 (2020. 4, n=1,100)

실제로 다음 〈표 12〉처럼 180석 의석이 "과도하다"라고 우려를 표했던 응답자들일수록 적폐청산보다는 통합이 우선이며, 개혁보

〈표 12〉 180석 여당 의석 평가와 향후 국정운영 방향 (%)

구분		국민통합 대 적폐청산			안정 우선 대 개혁 우선			전체
		국민통합이 우선이다	적폐청산이 우선이다	모르겠다	안정이 우선이다	개혁이 우선이다	모르겠다	
180석 의석 평가	과도하다 (608명)	71	24	5	81	18	2	100
	적당하다 (355명)	41	53	7	59	38	3	100
	부족하다 (76명)	25	72	3	38	59	3	100
	모름/무응답 (62명)	39	24	37	56	8	36	100
전체 (1,100명)		56	36	7	70	26	4	100

자료:시사인 · 한국리서치 총선인식조사 (2020. 4, n=1,100)

다 안정이 우선이라는 응답이 뚜렷하다. 180석이 과도하다고 답한 응답층의 71%가 "국민통합이 우선이라고 답했고, 81%가 개혁보다 안정이 우선이라고 답했다. 운영을 주문했고, "180석이 적당하다고 답한 층"이나 "모르겠다"라고 답한 층에서도 과반 이상이 개혁보다 안정우선이라고 답했다. 필자는 총선 직후 더불어민주당 당선인 워크숍에서 이러한 결과에 대해 강조하며, 촛불혁명론에 집착해 적폐청산/검찰개혁 중점을 둘 경우 여론의 역풍이 가능할 것이라 발표한 바 있는데, 우려대로 정부여당은 다수여론에 반하는 방향을 향했다. 촛불탄핵연합 해체 경로로 접어들었다.

유권자 정치지형 분석틀: 정당지지 변동층('이탈민주'층의 발생요인)

유권자의 정치지형 변동은 선거기간 등의 단기변동이 아니라면 그 자체로는 안정적인 태도 성향을 측정하면서도 다른 정치적 선호나 행태에 영향을 주는 소위 "추동되지 않는 추동자(unmoved mover)"인 "정당태도"를 중심으로 측정하게 된다. 미국이나 서구학계에서는 정당에 대한 안정적이며, 일관된 심리적 애착심을 의미하는 "정당일체감(partisan identification)"은 "정치행태를 설명하는 가장 중요한 변수"로 간주되어왔다(Eriskon and Tedin 2005; Hawley and Sagarzazu. 2012). 그러나 한국의 경우 정당의 잦은 이합집산과 당명변경 등으로 안정적인 정당일체감이 존재하기 어렵고, 대체로 사회적 정체성이라기보다는 "해당 정당의 국정운영 성과 혹은 해당 정당과의 이념적, 정책적 유사성에 대한 평가의 총합(running tally)"으로서의 당파성을 이해하는 경향이 있다. 이 경우 정당지지율이나 정당과 자신의 이념적 거리 등의 지표로 당파성을 측정하는 경향이 있으며, 상당한 변동들이 발생하는 것으로 알려져 있다. 그러나 최근에는 정당에 대한 정서적 양극화 현상의 심화로 심리적 애착과 자기표현적 당파심에 기반한 정당일체감이 확인된다는 연구들도 제기되고 있다. 그러나 단기적으로 변하지 않는 심리적 애착과 표현적 당파심에 기반한 정당일체감에 주목하면 지난 5년간 정당지지연합의 단기적이고, 급격한 변동과정을 포착하는 것은 쉽지 않다(장승진 · 하상응 2022, Hawley and Sagarzazu. 2012). 이 책은 정당태도(당파심)의 성격 규명이 관심이라기보다는 '지지정당'을 둘러싼 유권자 연합(partisan coalition)의 급격한 변동 요인을 분석하는 목적이기에 '지지정당' 지표를 중심으로 유권자 연합구도의 변화를 분석하고자 한다.

이를 위해 특정 유권자 지지연합하에서 특정정당을 지지했던 지지자들의 정당태도와 지지연합 변동을 2017년 이후 한국 유권자 지형을 설명하는 분석 틀로 적용한다. 이것이 〈표 13〉이다. 기존 유권자 연합의 변동 분석은 우선, 해당 정당에 대한 지지를 유지하는 '잔류층(vote retention)'과 지지를 교체한 '이탈민주층(vote transferred democrats)'으로 구분한다. 이탈층은 다시 무당파로 이탈한 '탈동원 이탈(demobilizated transfer)'과 기존 지지정당이 아닌 다른 정당에 대한 지지로 돌아선 '전향 혹은 개종 이탈(conversion to opponent)'로 분류한다(Hawley and Sagarzazu 2012, Kang and Jeong 2019; Norpoth and Rusk. 2007). 다음으로 변동과정에서 이탈층과 무당파를 흡수하며 우위 정당으로 떠오른 새 우위 정당의 지지층을 이전부터 지지를 유지해온 '올드/일관 지지층'과 비교분석하는 것이 초점이다.

필자는 탄핵정치연합 형성에 대해서는 2017년 대선부터 2020년 총선까지 촛불과 탄핵과정에서 기존의 콘크리트 새누리당 지지층이 '잔류보수'와 '이탈보수'로 분열하면서 출발했다고 보았다. 이탈보수와 무당파의 상당수가 더불어민주당 신규 지지층으로 유

〈표 13〉 정당지지연합 변동 분석틀의 변화: 탄핵정치연합의 형성기와 해체기

(1) 이탈 진원지의 변화

탄핵 형성기 / 현재 / 탄핵 재편	잔류 보수=일관 보수 (Remaining Cons.)	이탈 보수 (Swing Cons)	
	국민의힘/국민의당 지지 유지(복원)	더 민주당 진보정당지지	무당파 미결정 부동층
콘크리트 보수정당 지지층	잔류/올드 보수 (Old/Consistent Cons=OC)	전향 보수 Conversion	탈동원 demobilization

탄핵 해체기 / 현재 / 탄핵 재편	잔류 민주 (Remaining Dem.)	이탈 민주 (Swing Dem.)	
	더불어민주당 지지자	보수당 제3정당 지지	무당파 미결정 부동층
더불어 민주당 지지자	잔류/올드 민주당 지지 (Old/Consistent Dem=OD)	전향 민주 Conversion	탈동원 demobilization

(2) 변동의 결과

탄핵 및 대선 이전	탄핵 형성기 현 더불어민주당 지지자 (현 지지자 중 이전 정당 지지)	탄핵 해체기 현 국민의힘 지지자 (현 지지자 중 이전 정당 지지)
민주당 계열 지지	잔류/올드 민주지지자 Old Democrats=OD= Consistent Democrats	뉴 보수당 지지자 New Conservatives=NC 탄핵 시기 이탈보수의 복원
보수정당 지지	뉴 민주당 지지자 New Democrats=ND	잔류/올드 보수당 지지자 Old Conservative= Consistent Conservatives
제3정당		뉴 보수당 지지자 New Conservatives =NC 탄핵 시기 이탈보수의 복원
무당파		

자료: 정한울. 더불어민주당 당선인 워크숍 발표자료(2020b); 정한울. 더불어민주당 국회의원 워크숍 발표자료(2023) 종합.

입되어 소위 더불어민주당 우위의 '탄핵정치연합'이 형성되었다고 분석해왔다. 이로 인해 TK 지역, 60대 이상, 보수층을 제외한 유권자들이 더불어민주당 지지층으로 새로 유입('뉴민주층'의 등장)되면서 탄핵 이전부터 더불어민주당을 지지해온 민주당 지지자('올드민주' 혹은 '전통적 민주층')가 연합하게 되었다. 다음 〈그림 48〉을 보면 촛불 이전까지 더불어민주당이 2017~2020년 기간 동안 보수정당(새누리당–자유한국당–미래통합당)에 비해 20%~40%p 이상 앞섰던 것이 확인된다. 그러나 지방선거 이후 2018년 소득주도성장 논란, 남북정상회담, 북미회담 국면의 종료, 조국 장관 이슈와 패스트트랙 논란이 심화되면서 이미 야당 지지격차는 감소되고 있었다.[42)]

42) '이탈보수'와 '잔류보수'의 관점에서 지난 세 차례 전국 선거에서의 나타난 유권자 투표행태 변화를 설명한 글로는 정한울(2020)과 정한울 · 강우창(2017)이 있다. 이 시기의 분석은 '박근혜 대통령 국정농단 사건' 이전의 정당지지에 대한 회상문항(recall question)과 조사시점의 지지정당을 교차해 유형화했다.

〈그림 48〉 총선 전후 탄핵정치연합의 형성과 해체과정 (%)

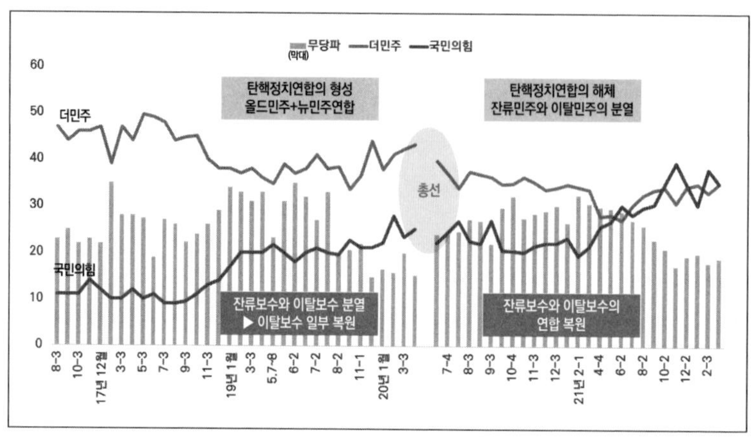

출처: 정한울(2020; 2022a; 2022b)

2020년 총선 이후 시작된 탄핵정치연합의 해체과정으로 인해 더불어민주당 지지율이 하락하면서(잔류민주와 이탈민주로 분열) 2021년 4·7 재보궐선거와 2022년 대선까지 과거의 지지율이 회복되지 못했다. 결국 탄핵정치연합 해체는 더불어민주당에 180석을 몰아준 40%를 상회하던 더불어민주당 지지자들이 보궐선거와 대선과정에서 여전히 더불어민주당을 지지하는 '잔류민주(retention)'와 '이탈민주(transfer)'의 분열에 대한 분석이 되는 셈이다. 이는 다시 보수정당의 입장에서 보면 탄핵정치연합구도하에서도 보수당 지지를 유지해온 올드보수, 전통보수층 외에 이탈민주층으로부터 전향하거나 무당파에서 새로 동원된 뉴보수를 이해하는 작업이 필수적

인 셈이다.[43]

의제인식사이의 갭: 민심은 경제/민생우선, 정부여당은 적폐청산/검찰개혁 인식 차 뚜렷

이미 탄핵정치연합의 해체과정에 대해서는 이미 다른 논문과 저술을 통해 분석한 결과에 따르면 (1) 촛불혁명론에서 도출될 "적폐청산/검찰개혁"이슈에 대한 집착으로 표현된 국정 의제 우선순위 설정의 오류(priming strategy), (2) 국정의제 추진 시 발생할 수 있는 반대와 부작용에 대한 대비 부족(소득주도성장, 부동산 정책 등), 그로 인한 대통령 리더십에 대한 불신과 불통 이미지 강화, (3) 정책추진과정에서의 일방적 행태 (여론과 야당의 반대에 대한 대응) 등이 여론의 역풍을 불렀던 것으로 확인된다(정한울 2023; 2022a; 2022b; 2020b).

• 촛불과 탄핵 이후 민심은 "통합과 안정적 국정운영" 쪽에 무게

43) 이탈민주와 잔류민주의 구분은 2020년 총선 시점의 지지정당에 대한 회상문항과 조사시점의 지지정당을 교차해 유형화했다(정한울 2022a; 2022b); "촛불연합 깨졌다…20대 53%, 중도 42% 민주당 지지 철회"(한국일보 2021/06/11); "대선 승부, 이재명의 '이탈 민주' · 윤석열의 '뉴 보수' 잡기에 달렸다"(한국일보 2022/01/03). 이 같은 회상문항을 활용한 분석대상을 분류하는 작업은 장기 패널조사 데이터가 없는 상황에서 불가피한 선택이기는 하지만, 시간이 흐를수록 '기억의 부정확성', '편승효과', '현재 태도에 의한 과거 태도의 왜곡' 등에 의해 회상응답의 타당성이 떨어져 일정 시점이 지나면 분석틀의 타당성이 떨어진다는 약점이 있다.

중심이 이동했지만, 문재인 정부와 더불어민주당은 "촛불혁명론"을 내세워 적폐청산/검찰개혁 같은 "갈등 이슈"에 집착("이슈 프라이밍 전략의 실패")하는 경향으로 이어졌다. 이 과정에서 조국 장관 임명, 추미애-윤석열 갈등이 정국의 핵심의제로 부상하면서 문재인 정부가 내세운 공정사회론의 정당성을 약화시키기도 했다. 그 결과 다수 국민이 원하는 민생 이슈에 관해서는 관심이 없거나 포기했다는 불만을 강화시켰다.

• 소득주도성장 정책, 포용적 성장 정책 등 사실 여론의 지지를 얻을 수 있는 민생 관련한 정책 영역에서는 급진적 목표 설정과 무리한 성과주의로 인해 실제 이상의 여론의 우려와 불안감을 유발했고, 강한 여론의 역풍을 맞은 것이 사실이다. 특히 부동산 정책에서의 뚜렷한 정책실패는 "경포대 대통령(경제를 포기한 대통령)"이라는 야당의 비판에 동조하는 여론을 강화시켰다.

• 결국 국민여론과 동떨어진 이슈에 우선순위를 고수하고 있다는 '불통 대통령' 이미지를 강화시켰다. 또한 연이은 선거 승리를 문재인 정부 국정 기조와 추진 방식에 대한 '전폭적 위임'으로 해석하며, 야당을 설득하고 동의를 구하는 과정을 생략하거나 배제하는 일방적인 국정운영(국회 동의 없는 인사강행, 선거법/공수처 관련 '패스트트랙' 등 일방적 개혁법안 관철)의 기조도 광범위한 이탈민주층을 만들어내는 데 기여했다.

2장의 〈그림 3〉 문재인 정부 시기 대통령 지지율 변동, 앞의 〈그림 48〉의 정당 지지율 변화추이를 보면, 2020년 총선 압승 직후부터 대통령 지지율은 하락하고, 정당지지율에서도 이탈민주층이 발생하면서 더불어민주당과 국민의힘 간의 지지율 격차가 감소하기 시작했다. 결정적으로 탄핵정치연합의 해체가 가시화된 것은 2021년 서울, 부산 재보궐 선거에서 촛불탄핵 이후 선거에서 처음으로 더불어민주당 후보들은 국민의힘 후보들에게 큰 차이로 패배했다. 특히 서울과 부산은 대선과 총선에서 선전했던 스윙지역들이기에 올드민주층과 뉴민주층의 연합을 통해 형성된 더불어민주당 우위구도가 사라졌음을 보여주는 지표였다.

국정 우선순위 인식 사이의 미스매치:
정권심판론 점화, 촛불 5년 만의 정권교체론

45% 내외의 고공지지율을 기록하던 더불어민주당 지지율은 2022년 대선을 앞두고 30%대까지 떨어졌다. 2020년에 더불어민주당을 지지했던 지지층 중 적어도 35%~40% 이상이 '이탈민주'로 지지를 철회한 상태였다.

광범위한 이탈민주층은 2022년 대선에서 적지 않은 전향투표(conversion voting)와 기권투표로 이재명 후보의 패배에 영향을 미쳤다. 우선, 시사인·한국리서치 웹 조사 결과에 따르면, 대선 시점에도 더불어민주당을 지지하는 '잔류민주층'에서는 91%가 이재명 후보를 지지한 반면, 총선에서는 더불어민주당을 지지했지만 대선과 지선에는 지지를 철회한 '이탈민주층'에서는 42%만 이재명 후보를 지지했고, 44%가 윤석열 후보 지지로 전향했다(〈표 14〉). 지난

〈표 14〉 잔류민주층과 이탈민주층의 대선 투표 후보 (%)

구분		대선 투표 후보					전체
		이재명	윤석열	심상정	기타 후보	투표 안 함	
총선 시기 민주당 지지자	잔류민주 (657명)	91	4	1	1	2	100
	이탈민주 (260명)	42	44	8	2	3	100
전체	(917명)	77	15	3	2	2	100

자료: 시사인 · 한국리서치 〈대선 인식조사〉(2022. 3; n=917명), 출처: 정한울(2022a)

〈그림 49〉 제20대 대선 세대별 투표 (%)

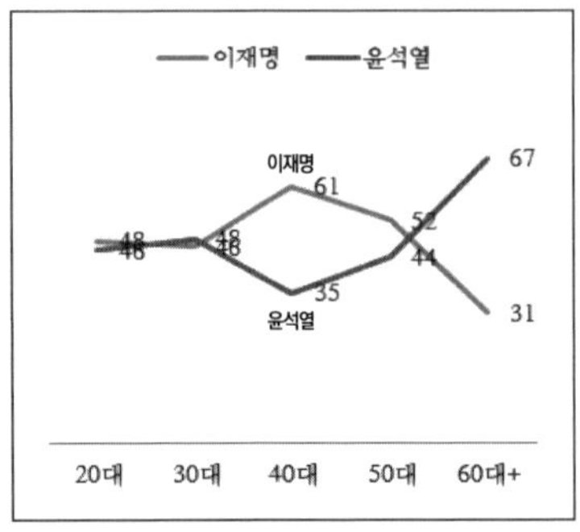

자료: 방송3사 출구조사(2022. 3)

〈그림 50〉 대선 세대별 투표율 변화 (%)

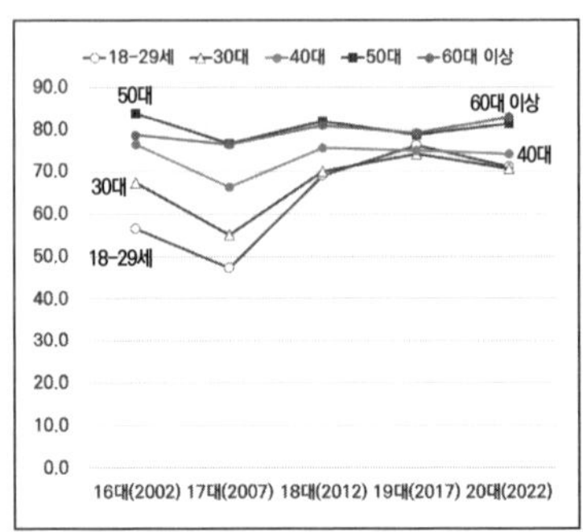

자료: 중앙선거관리위원회 〈대통령 선거 투표율 분석자료〉

20대 대선에서의 방송 3사 출구조사 결과를 보면, 이전 19대 대선에서 문재인 후보 우위가 강했던 2030세대에서 이재명 후보와 윤석열 후보 지지율이 대등해졌다. 2030세대에서 전향투표가 강했음을 시사하는 결과다. 제20대 대선에서의 민주당 지지 이탈 현상에는 세대·젠더의 상호작용, 지역 등의 인구학적 요인과 이념/정당태도와 같은 정치적 성향, 문재인 대통령과 정부 평가와 같은 회고적 이슈와 함께 이재명, 윤석열 후보 요인이 유의한 영향을 미쳤던 것으로 나타난다(정한울 2022). 또한 최근 대선 세대별 투표율을 보면, 2017년 대선에서 문재인 후보 지지율이 높았던 2030세대의 투표율이 2022년 대선에서는 감소하고, 반대로 2017 촛불탄핵 국면에서 투표율 하락을 보였던 5060세대에서는 투표율이 상승하는 추세로 돌아섰다. 40대는 비슷한 수준을 유지했다. 더불어민주당과 소속 후보 지지층 역할을 했던 젊은 세대에서 국민의힘 지지로의 전향과 함께 탈동원 이탈이 컸음을 의미한다.

오해의 결과: 의제 불일치가 탄핵정치연합 해체와 정권심판론 강화에 미친 영향

검찰개혁은 민의와 동떨어진 의제 우선순위, 정권심판론 불러

국정과정에서 의제(agenda) 관련해 집권 세력은 (1) 의제 설정(agenda setting)과 프라이밍(priming-issue priority), (2) 의제별 포지셔닝(positioning), (3) 의제의 틀 짓기, 즉 프레이밍(framing) 등 고려해야 할 요소들이 많다. 대체로 정부와 정치권에서는 포지셔닝과 유권자들로부터 유리한 반응을 끌어낼 수 있는 프레이밍 전략에 많은 관심을 두어왔다. 그러나 이에 못지않게 국정평가에서 간과하지 말아야 할 것은 어떤 의제를 설정해 부각할 것인가를 기획하는 의제설정(agenda setting)과 프라이밍(priming) 전략이 매우 중요하다.

가치관이나 이념적 쟁점의 경우 장기적인 포지션 설정이 중요하지만, 단기적으로 큰 변동 요인이 없다. 단기적으로는 어떻게 해당 이슈를 정의하고 프레이밍하느냐에 따라 여론의 반응이 달라지기 때문에 중요하기는 하다. 그러나 추가적인 정보가 제공되고 논쟁에 대한 이해도가 높아지면서 프레이밍 자체만으로 우호적인 여론을 지속시키는 데 한계가 있다.

필자는 오히려 실제 국정운영과정에서 최우선적인 문제는 시민들이 중시하는 의제와 정부가 우선순위에 두고 있는 의제를 일치시키고 부각하는 작업이라고 본다. 그러나 성과나 절차적 정당성 문제 못지않게 중요한 것이 정부여당의 국정 의제 프라이밍(priming) 우선순위에 대한 공감대다. 여기서 중요한 것은 우선, 잘하고 못하고의 문제나 그 적법성, 정부의 포지션 못지않게 시민들은 정부와 자신의 대표가 자신이 중요하고 우선이라고 생각하는 의제 순위를 '일치(매칭)'시키는 것이 중요하다. 일치되지 않을 경우 강한 불통감과 정서적 반발을 유발하며 지지 철회 동기를 강화시키는 것으로 보인다. 또한 같은 성과라도 시민들이 중시하는 의제에서 성과를 낼 때 정부와 당에 관한 지지를 확대하거나 공고히 할 수 있으며, 반대로 우선순위나 낮은 의제에서의 성과는 정부와 당에 대한 지지에 미치는 영향력이 작을 수밖에 없다.[44)]

문재인 정부와 더불어민주당 지지층의 이탈과정을 보면 이러한

44) 의제 점화 전략(프라이밍)의 중요성을 지적한 글로는 정한울(2007), 이내영 · 정한울(2010)을 참조할 것.

프라이밍의 우선순위 설정이 중요하다는 것을 보여준다. 〈그림 51〉은 2020년 총선 승리 이후 문재인 대통령 지지율이 하락하고, 더불어민주당과 국민의힘 지지율 격차가 좁혀지는 시점에 실시한 정부의 국정운영에 관한 조사 결과다. 〈그림 51〉의 (1)은 시민들 스스로 생각하는 국정의 우선순위다. (2)는 13개 주요 국정과제에 대해 문재인 정부가 각각 얼마나 우선순위로 생각하고 있는지 물어본 결과다. 두 가지의 미스매치가 확인된다.

"최우선 과제라고 응답한 비율을 기준으로 보면, 시민들의 정책 수요는 "코로나 방역(79%)/경제피해 최소화(68%)"와 "경기활성화(62%)/민생안정(54%)/부동산 안정(53%)"이 시급한 최우선 과제로 꼽혔다. 반면 시민들이 문재인 정부가 얼마나 각 과제를 우선하고 있다고 보는지 역시 "최우선 과제로 생각하고 있다"라고 답한 비율로 순위를 내보면 "코로나 방역/경제피해 최소화"를 최우선 과제로 생각하고 있다는 동조감이 상대적으로 높은 것은 긍정적이나, 시민들의 우선순위에서는 시급성이 떨어지는 의제들인 "검찰/권력기관 개혁/적폐청산", "남북 대화 활성화" 등을 문재인 정부가 "최우선 과제로 생각하고 있다는 인식이 상대적으로 높다. 반대로 "경기활성화, 민생 안정, 부동산 안정 등 시민들의 최우선 과제에 문재인 정부가 최우선 과제로 대응하고 있다는 응답이 낮다.

〈그림 51〉 시민들의 정책 우선순위와 시민들이 본 문재인 정부의 우선순위 불일치 (%)[45]

(1) 시민들이 생각하는 국정 우선순위 (%)　　(2) 시민들이 본 문재인 정부의 국정 우선순위 (%)

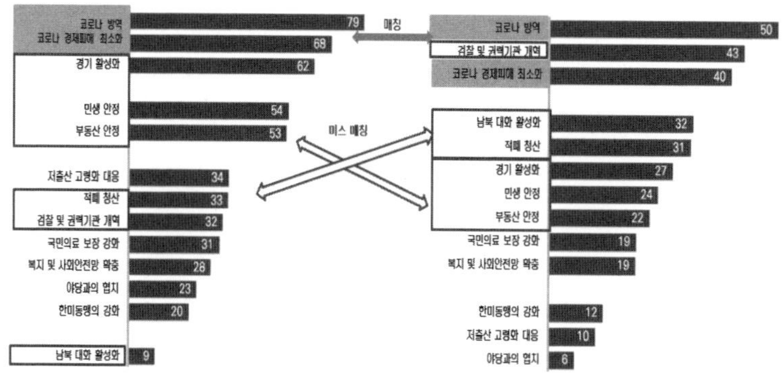

자료: 한국리서치 국정인식조사(CAWI, 2020. 12. 11~14, n=1026명)

한편, 우선순위와 문재인 정부의 실적 평가 사이에도 미스 매칭이 존재한다. 다음 〈그림 52〉에서 코로나 방역과 경제피해 최소화 같은 우선순위 높은 이슈에 대해 긍정평가가 높은 것은 문재인 대통령의 지지율을 뒷받침하는 요인이 된다. 그러나 상대적으로 긍정평가가 높은 "국민의료 보장 강화"(57%), "복지 및 사회안정망 확충"(49%) 등은 시민들이 우선순위가 높은 분야가 아니기 때문에 지지율 상승에 크게 기여하기 어렵다. 반면 우선순위가 높은 "경기활성화/민생안정/부동산 안정" 의제에서 낮은 평가를 받은 것은 지지율 하락에 큰 영향을 줄 것으로 예상된다.

45) 정책 우선순위 질문의 보기는 각 의제별로 1. 최우선적인 과제이다, 2. 중요하지만 최우선 정책 아니다, 3. 별로 중요하지 않다, 4. 전혀 중요하지 않다 중 택일한 응답 중 1번 최우선 과제라는 응답 결과다.

〈그림 52〉 시민들의 국정 우선순위와 문재인 정부의 분야별 국정평가 (%)[46]

(1) 시민들이 생각하는 국정 우선순위　　　(2) 문재인 정부의 분야별 긍정평가 비율

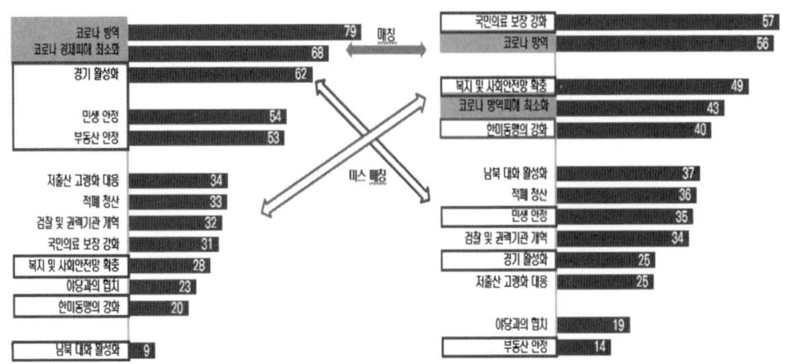

자료: 한국리서치 국정인식조사(CAWI, 2020. 12. 11~14, n=1026명)

이러한 미스매치는 왜 일어나는가? 문재인 정부와 더불어민주당이 촛불민심을 혁명적, 진보적 개혁을 바라는 여론으로 오판했던 것이 가장 큰 요인이라고 볼 수 있다. 앞에서 살펴본 대로 촛불은 진보층은 물론, 중도층과 보수층의 일부까지 동의한 "박근혜 대통령 탄핵"에 대한 공감대에서 출발한 시민행동이었고, 촛불에 참여한 시민들은 개개의 정책 선호나 이념적 성향에서 상당한 편차가 존재했다. 국정의 우선순위와 관련해서도 차이가 존재한다. 앞의 13개 국정 의제별 우선순위에 대한 "최우선 과제"라고 답한 비율을 이념층별로 비교해보면, 최우선 국정의제로 합의 수준이 높은 이슈로는 "코로나 방역/경제피해 최소화"나 "민생안정/경기활

46) 정책별 평가 보기는 1. 매우 잘함, 2. 대체로 잘함, 3. 대체로 못함, 4. 매우 못함의 사지선다 중 1, 2 응답의 비율임.

성화/부동산 안정" 등에 대해서는 이념성향별 큰 차이 없이 합의 수준이 높은 의제다. 그러나 문재인 정부가 상당히 우선순위를 중도 있는 "적폐청산/검찰개혁" 의제는 진보층에서는 최우선적인 시급한 과제라는 응답자가 과반을 넘지만, 중도층이나 보수층에서는 크게 우선순위를 두지 않는 의제다. 그 외 "국민의료 보장 강화", "복지/안정망 확충", "저출산 고령화 대응", "야당과의 협치", "남북대화 활성화" 등은 전 이념층에서 중시하는 여론이 약한 저관심 이슈들인 셈이다. 문재인 정부는 코로나 의제의 경우 시민들의 기대와 바람에 맞는 국정 우선순위를 설정하고 성과를 내어 지지를 유지할 수 있었지만, 적폐청산/검찰개혁처럼 진보층의 선호에만 부합하는 의제를 우선하면서 중도/보수 성향의 국정 지지층 및 더불어민주당 지지층(특히 촛불탄핵으로 등장한 뉴민주당 지지층)의 이탈을 촉발한 셈이다.

〈표 15〉 이념성향별 13개 국정의제별 우선순위 인식: "최우선 과제이다"라고 답한 비율 (%)

구분	우선순위 공감대가 큰 합의 이슈					갈등 이슈		무관심 이슈					
이념성향	코로나 방역	코로나 경제 피해 최소화	민생 안정	경기 활성화	부동산 안정	적폐 청산	검찰 및 권력 기관 개혁	국민 의료 보장 강화	복지 및 사회 안전망 확충	저출산 고령화 대응	야당 과의 협치	한미 동맹의 강화	남북 대화 활성화
진보층	87	74	63	61	54	52	55	40	37	34	14	14	12
중도층	77	66	50	62	51	31	26	27	27	35	27	19	9
보수층	73	65	52	64	56	18	17	24	20	34	30	30	6

자료: 한국리서치 국정인식조사(CAWI, 2020. 12. 11~14, n=1026명)

적폐청산에서 민생으로,
촛불의 정당성 대신 절차적 정당성 중시

제도의 불신으로 거리로 나간 촛불이 제도가 작동하면서 선거와 제도복원으로 시민들의 관심이 이전했듯이 문재인 정부가 들어오면서 국정우선순위 인식에서도 "적폐청산/검찰개혁" 대신 "민생경제"우선으로 국정을 펼치라는 인식 변화가 발생했다. 또한 촛불개혁과정에서도 역시 제도적/절차적 정당성을 중시하는 여론이 강화되었다. 편법을 동원한 개혁은 취지와 무관하게 여론의 역풍을 불렀다.

다음 〈그림 53〉을 보면 2018년 9월 조사에서 촛불국면에서 우선해야 한다고 생각한 국정과제와 문재인 정부 초기 정부가 우선해야 할 국정과제를 물어본 결과, 촛불 당시에는 "적폐청산"과 "공정사회 실현"을 꼽은 응답이 각각 34%, 30%로 가장 많았다. "국민통합"을 꼽은 응답은 16%, "민생 개선"을 꼽은 응답이 13%에 그쳤다. 그러나 2018년 집권 초 국정우선순위를 보면 "민생개선"을 꼽은 응답이 40%로 급증했고, "공정사회" 25%, "국민통합" 17%, "적폐청산"을 꼽은 응답은 13%로 떨어진다. 적폐청산의 일환으로 시작된 검찰개혁은 2019년 조국 법무부 장관 임명으로 시작해 선거제 개혁 및 공수처 신설 패스트트랙 지정(4월 통과(2019년 12월), 2020년 재판부 사찰 문건 작성·배포, 채널에이(A) 사건 감찰·수사 방해 등을 이유로 정직 2개월의 윤석열 검찰총장 직무정지 징계(2020년 11

월 24일)와 서울행정법의 효력정지 결정(12월 24일), 대통령 사과(12월 25일), 검찰의 수사권 축소('검수완박' 법안)(2022년 4월)로 이어졌다. 문제는 패스트트랙과정에서는 패스트트랙 안에 이견이 있던 새법개혁특위 위원들의 '사보임 논란(오신환, 권은희 의원)', '윤 총장 징계'에 법무부 감찰위원회의 징계절차 부당 결정(20년 12월 1일), '검수완박' 법안 추진과정에서의 안건조정위원회 여야 각 3인 규정을 지키기 위한 민형배 의원의 탈당(22년 5월) 및 헌법재판소의 '위장탈당으로 인한 국민의힘 의원들의 표결권, 의안심사권이 침해'되었다는 결정이 내려지는 등 제도적, 절차성 정당성에 타격을 받았다.

그 결과 당시 NBS 여론 조사 결과를 보면 적폐청산, 사법 개혁을 표방하며 진행된 검찰개혁이었으나 "권력기관 개혁 취지에 맞게 진행"되고 있다는 응답(32%)보다 "검찰 길들이기로 변질"되었다는 부정적인 응답이 과반(52%)을 넘었고, 추미애 장관의 윤검찰 총장 징계에 대해서도 "잘못된 일"이라는 부정적 평가가 52%로 부정적 평가를 넘었다. 또한 공수처법 개정을 위한 패스트트랙 법안 개정에 대해서도 '잘한 일' 39%, '잘못한 일' 43%로 찬반이 팽팽히 맞섰고, '모름/무응답'도 18%가 나와 '개혁안'으로서 충분한 공감대를 얻지는 못했으며, '제도적/절차적 정당성'을 우회하며 밀어붙인 것이 문재인 대통령과 더불어민주당 지지하락으로 이어졌다. 이로 인해 추미애 장관 사임(12월 16일), 문 대통령의 대국민 사과(12월 25일)로 이어진 바 있다.

〈그림 53〉 촛불 우선순위 변화 (%)

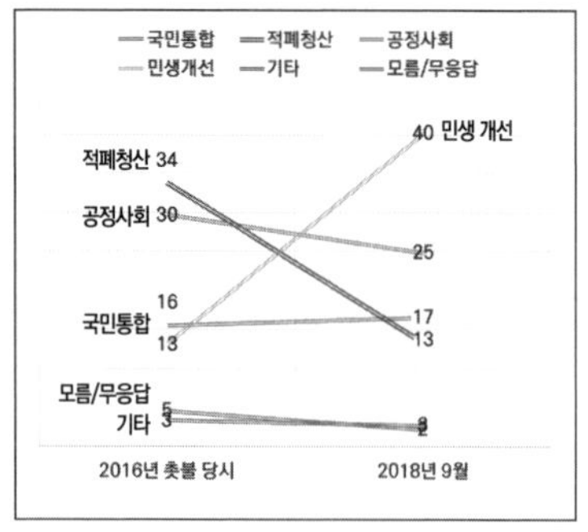

자료: 한국리서치 국정인식 조사(2018. 9)

〈그림 54〉 검찰개혁에 대한 평가 (%)

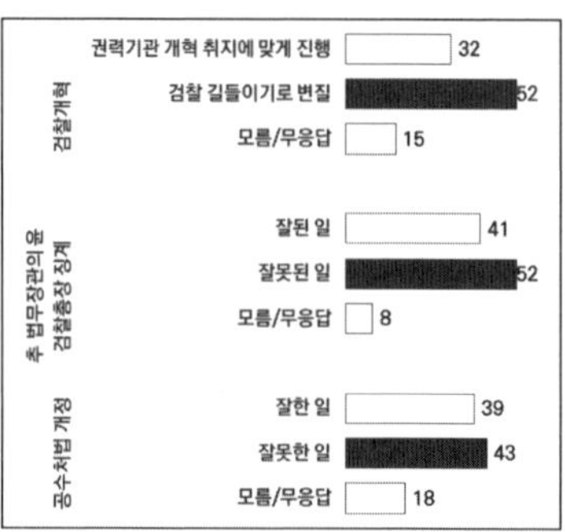

자료: NBS 조사(2020. 12. 14~16)

탄핵정치연합의 해체: 시민과 정부여당의 의제인식격차, 이탈민주(문정권 심판론) 확대

물론 비정상적인 국정 중단으로 실시된 조기 선거 덕에 약 두 달여의 인수위 시기 없이 선거 다음 날부터 국정을 시작해야 했다는 점, 여당의 의석이 과반에 미치지 못했다는 점은 불리한 환경이었다. 여기에 임기 초부터 탄핵으로 인해 감정적으로 격화된 야당의 강한 반대와 '발목 잡기'에 대해 촛불혁명의 정당성과 권위,[47] 촛불집회와 대통령 선거에서 압승과 높은 지지율을 안고 출발한 문재인 정부는 탄핵 여파로 야당이 분열되고 보수정당에 대한 지지

47) "한국당, '발목 잡기' 비판여론에 대여투쟁 수위 고민"(SBS 2017/06/27); "민주당 한국당, 새 정부 발목 잡기 멈춰야…민생에 여야 없다"(중앙일보 2017/07/22)

율이 10%대로 머물며 역사상 '최약체의 야당'과 상대하는 우호적인 국정환경이었다. 이러한 환경을 이용해 문재인 정부는 국정 목표와 과제를 정교하게 가다듬고, 국민여론에 대한 충분한 조사와 대비에 기초해 국정과제를 이끌어가는 전략이 필요했다. 그러나 "촛불혁명 완수"라는 사명감과 바로 국정을 해야 하는 조건에서 새 정부 시기 여론 변동에 대한 실증적 분석에 기초한 국정 전략 대신 촛불정국에서 접했던 '촛불시민'들의 정서와 요구에 대한 주관적 판단에 기초해 국정의제를 설정했고, 결국 "적폐청산/검찰 및 권력기관 개혁"을 문 정부의 최대 국정과제로 고수하게 된 셈이다.

그 결과 문재인 정부가 들어오면서 특히 코로나19 확산과 더불어민주당의 압승 이후 통합과 안정 노선에 대한 기대, 민생 이슈 중심의 국정운영에 대한 기대가 높았으나 경제민생 의제보다 검찰 및 권력기관 개혁에 매진하면서 인식의 간극이 커졌다. 이슈별 인식 간극을 살펴보기 위해 13개 정책별 문재인 정부의 우선순위 점수에서 본인이 매긴 우선순위 점수 차이를 산출했다.[48] 정책별로 평균을 내보면 다음 〈그림 55〉에서 본 것처럼 부동산, 경기활성화, 저출산 고령화, 민생안정 등의 민생 관련 인식갭 점수가 (-)로 대체로 시민들의 우선순위가 높았고, 시민들이 중요하게 생각하는 의제에 대해 정부가 시민들만큼 우선순위를 두고 있지 않다는 인

48) 정책별 우선순위 점수 1. 최우선 과제이다 ~ 4. 전혀 중요하지 않다를 역순 코딩해 문재인 정부의 우선순위 평가 점수에서 본인의 우선순위 점수를 제하면 －3(본인의 우선순위 〉 문재인 정부 우선순위) ~ 0(본인과 문재인 정부 우선순위 일치/매칭) ~ +3(본인의 우선순위 평가보다 문재인 정부의 우선순위가 높음)으로 구분된다.

식이 대부분의 정책 이슈 영역에서 일관되게 나타났다. 시민의 우선순위 평가가 높지 않은 적폐청산과 검찰개혁이나 남북대화 의제의 경우 상대적으로 높은 점수를 기록해 시민들의 눈에 문재인 정부가 상대적으로 강한 우선순위를 부여해 추진하는 의제들로 이해하고 있다고 볼 수 있다.[49)]

〈그림 55〉 문재인 정부와 본인의 정책별 우선순위 인식갭(-3~+3)과 안정론 대 심판론선호

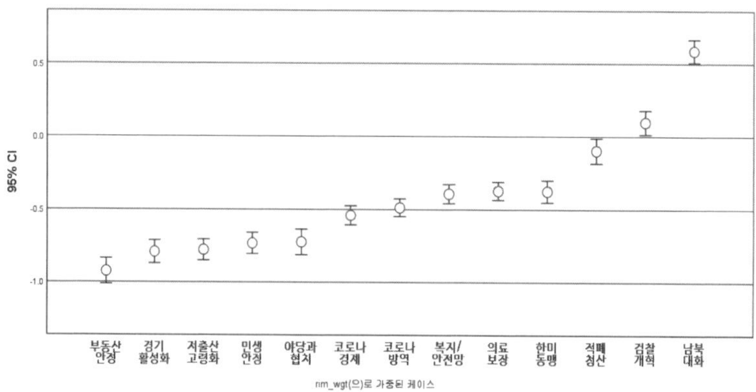

자료: 한국리서치 국정인식조사(CAWI, 2020. 12 .11~14, n=1026명)

대표적으로 문재인 정부가 시민들에 비해 우선순위를 낮추고 있다고 보는 '경기활성화' 정책과 상대적으로 정부가 적극적으로 나서고 있다고 인식하고 있는 검찰/권력기관 개혁 정책을 선별해 인

49) 적폐청산과 검찰개혁 우선순위의 갭 평균이 0에 수렴하는데, 이를 본인의 우선순위와 정부의 우선순위가 일치하고 있다고 해석하기는 어렵다. 문재인 정부가 과소 반응(시민의 우선순위 〉 문재인 정부 우선순위)하고 있다는 응답과 자신보다 더 과도하게 우선순위를 부여하고 있다고 보는 층이 상쇄한 결과일 수 있기 때문이다.

식갭 점수를 재분류해 이러한 인식갭이 정부여당지지 이탈에 미치는 영향을 살펴보았다.

다음 〈표 16〉에서 검찰개혁 의제에 대한 문재인 정부와 본인의 우선순위 갭을 보면, 전체 응답자 1,026명의 41%(424명)가 일치(0)한다고 답했다. 25%(253명)는 정부가 우선순위를 과소평가(−1~−3점)하고 있다고 답했고, 27%(281명) 정도는 본인보다 정부가 우선순위를 높게 부여하는 과대대응(+1~+3)을 하고 있다고 보았다. 과소대응과 과대대응층이 상쇄되는 양상이다. 한편 경기활성화 의제의 경우 정부와 본인의 우선순위 부여가 일치한다는 응답자가 39%(395명) 수준인 반면, 절반에 가까운 49% 응답자(498명)는 정부가 자신에 비해 우선순위를 두고 있지 않다는 과소대응층으로 분류되었다. 반대로 정부가 본인보다 높게 우선순위를 부여하고 있다고 보는 층은 9% 수준인 90명에 불과했다. 검찰개혁 의제는 본인보다 과도하다고 보는 층과 미흡하다고 보는 층이 엇갈리는 반면, 경기활성화 의제의 경우 대부분 자신의 생각보다 우선순위를 부여하지 않는다는 입장인 셈이다.

이러한 인식갭이 대선에 미치는 영향도 살펴보자. 검찰개혁 의제의 우선순위가 일치하고 있다고 응답한 층에서는 '차기 대선에서 여당을 지지해야 한다'라는 입장이 각각 59%가 '정권안정론(=정부여당지지)'을 밝히고, 경기활성화 의제의 의제 매칭층에서도 55%가 정권안정론으로 기울었다. 인식갭이 미치는 영향은 더욱 흥미롭다. 검찰개혁 의제의 경우 과소대응과 과다대응층 공히 심

〈표 16〉 검찰개혁 정책과 경기활성화 정책의 인식갭이 차기 대선에 미치는 영향 (%)

카이제곱 검정			2022년 대선의 의미에 대해 어떻게 생각하십니까? (정권심판론) 차기 대선에서 현 정부여당을 심판해야	(정권 안정론) 차기 대선에서 현 정부여당을 지지해야	모르겠다	전체
검찰개혁 우선순위 인식갭***	과소대응 (-3~-1)	빈도	126	64	63	253
		%	50	25	25	100
	의제매칭 (0)	빈도	102	249	74	424
		%	24	59	17	100
	과다대응 (+1~+3)	빈도	190	49	43	281
		%	68	17	15	100
	모름/무응답	빈도	18	4	46	68
		%	26	6	68	100
경기활성화 우선순위 인식갭***	과소대응 (-3~-1)	빈도	310	80	108	498
		%	62	16	22	100
	의제매칭 (0)	빈도	104	215	75	395
		%	26	55	19	100
	과다대응 (+1~+3)	빈도	15	65	10	90
		%	16	72	11	100
	모름/무응답	빈도	6	4	33	43
		%	14	10	76	100
전체		빈도	436	365	225	1026
유의확률 ***(p〈0.001)		%	42	36	22	100

자료: 한국리서치 국정인식조사(CAWI, 2020.12.11.~14. n=1026명)

판론을 강화시킨다. 과소대응층의 50%가 '정부여당 심판론'을 선호했고, 과다대응층에서는 무려 68%가 정부를 심판해야 한다고 답했다. 인식갭은 모두 정부여당 지지를 이탈시키는 요인이지만,

검찰개혁 이슈의 경우 정부가 과도하게 우선순위를 부여한다는 생각이 정부여당에 대한 지지를 더 크게 이탈시키는 것이다. 반면 경제활성화 이슈의 경우 응답자의 절반에 육박하는 응답자들이 정부가 본인이 생각하는 우선순위만큼 대응하지 않았다고 보고 있는데, 이들 층에서 정권심판론의 손을 든 응답자가 62%에 달했다. 흥미롭게도 자신보다 더 우선순위를 부여한다는 과다대응층의 경우 72%가 의제 매칭층보다도 더 높은 정부여당 지지론에 손을 들었다. 결국 의제 매칭이 지지 잔류를 이끄는 힘이지만, 검찰개혁의 경우 과다대응이, 경기활성화의 경우 과소대응이 더 큰 이탈요인으로 작동한 셈이다. 따라서 시민들의 관심사가 촛불정국 이후 문재인 정부 시기에 적폐청산/검찰개혁에서 민생경제로 이동하고, 제도불신과 직접적인 시민행동에서 절차와 제도의 복원으로 무게중심이 이동한 상황에 대한 오해가 정부여당에 대한 이탈을 유발할 의제에 대한 무리한 집착으로 이어진 것이다.

이러한 시민들의 행태가 인구학적 변인과 정치성향, 무엇보다 문재인 대통령에 대한 국정평가를 통제한 조건에서도 작동하는지 살펴보기 위해 차기대선 심판론 대비 안정론 선호에 국정의제 인식갭의 효과를 로지스틱 회귀분석을 통해 살펴보자. 성, 연령대(기준 60대 이상), 지역(기준 강원/제주 유권자), 지지정당(기준 무당파), 문 대통령 국정평가(1. 매우 잘함~4점 매우 못함) 변수를 통제변수로 포함하고, 검찰개혁 우선순위 인식갭과 경제활성화 우선순위 인식갭 유형을 방정식에 포함했다. 의제 우선순위 매칭 그룹을 각각 기준변수로 해서 과소대응층과 과다대응

〈표 17〉 차기 대선 선거구도에 대한 태도결정요인: 로지스틱 회귀분석

0=정권심판론 1=정권안정론	B	S.E.
성별 (남성)		
여성	.267	(.226)
연령대 (60대 이상)		
20대 이하	.085	(.389)
30대	-.281	(.381)
40대	.099	(.388)
50대	-.054	(.372)
거주지역 (강원/제주)		
서울	1.632**	(.552)
인천/경기	2.278***	(.529)
대전/충청/세종	2.307***	(.604)
광주/전라	2.807***	(.653)
대구경북	2.084**	(.608)
부산/울산 경남	1.973**	(.577)
지지정당 (무당파)		
더불어민주당	2.677***	(.308)
국민의힘	-.979+	(.582)
제3당	.824*	(.325)
문 대통령 국정평가		
1.매우 잘함~4. 매우 못함	-1.174***	(.158)
검찰개혁 우선순위 갭(매칭=0, 문정부 - 본인)		
과소대응(-3~-1)	-.427	(.324)
과다대응(+1~+3)	-.934**	(.317)
경기회복 우선순위 갭 (매칭 0)		
과소대응(-3~-1)	-.621*	(.284)
과다대응(+1~+3)	1.126*	(.463)
유의확률 + (p〈0.1), * (p〈0.05), ** (p〈0.01), ***(p〈0.001)	카이제곱 = 626.7832***, df=15, N=788 Nagelkerke R-제곱 = .751	

자료: 한국리서치 국정인식조사(CAWI, 2020. 12. 11~14, n=1026명)

층이 각각 정권심판/지원론에 어떤 영향을 미치는지 살펴보았다.

분석결과가 앞의 〈표 17〉이다. 성, 연령의 영향력은 검증되지 않았고 지역과 정당 요인, 문 대통령 국정평가는 유의한 변수로 나타났다. 무당파 대비 더불어민주당 지지층/제3정당 지지자일수록 정권안정론을, 국민의힘 지지자일수록 정권심판론을 선호할 확률이 유의미하게 높다. 반면 역시 국정평가에 긍정적일수록 정권안정론을, 못한다고 볼수록 정권심판론을 선호하게 만든다. 중요한 점은 이러한 정치성향과 특히 문재인 정부의 국정평가인식을 통제하고서도 주요 의제의 우선순위 갭은 중요한 설명변수로 나타났다. 검찰개혁 의제의 경우 매칭 그룹 대비 '과다대응층일수록 정권심판론을 강화시키고(B= −.934), 경제활성화 의제의 경우 매칭그룹 대비 과소대응하고 있다는 인식층에서는 정권심판론을, 내 기대보다 더 우선하고 있다는 과대대응층에서는 정권지원론을 유의미하게 강화시킴이 확인된다. 따라서 문재인 정부와 더불어민주당의

〈그림 56〉 검찰개혁 인식갭과 대선투표 (%)

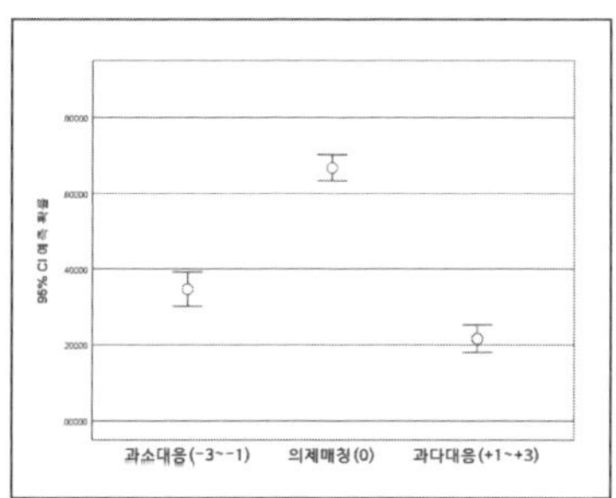

〈그림 57〉 경제활성화 인식갭과 대선투표 (%)

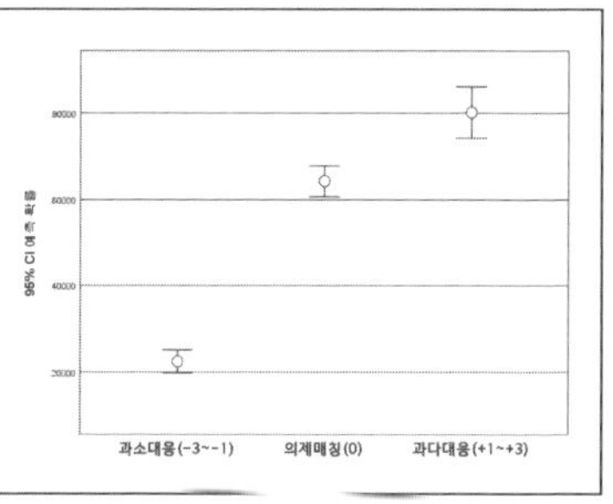

자료: 한국리서치 국정인식조사(CAWI, 2020. 12. 11~14, n=1026명)

지지기반을 강화하고 차기 대선에 승리하기 위해서는 검찰개혁 및 권력기관 개혁 의제의 우선순위를 내리고, 민생경제 의제에 프라이밍을 강화하는 것이 필요했다.

그 효과를 직관적으로 보기 위해 로지스틱 회귀분석을 통해 예측확률 값(predicted probability) 값을 산출한 후 의제 우선순위 인식 갭 유형별로 평균을 내서 비교해보자. 0.5 미만 0에 가까울수록 '정권심판론'을 선택할 확률이 높아지고, 0.5를 초과해 1에 가까울수록 '정권안정론'을 선택할 확률이 높아진다는 것을 의미한다. 앞의 카이제곱 분석 결과와 마찬가지로 앞의 〈그림 56〉에 의하면 검찰개혁 우선순위 인식에서 본인과 정부가 일치하고 있다고 인식하는 매칭층에서는 정권안정론을 택할 확률이 0.6을 상회하고, '과소대응'하고 있다는 층에서는 0.4에 못 미칠 정도로 떨어지며, '과다대응'하고 있다는 집단에서는 0.2를 갓 넘는 수준이다. 반면 〈그림 57〉에 의하면 경제활성화 이슈에 대해서는 나보다 정부가 신경 안 쓰고 있다는 과소대응층에서 0.2를 넘어선 수준이며, 내 기대와 일치하는 매칭층에서는 0.6을 넘어선다. 내 기대보다 더 우선하고 있다고 응답하는 층에서는 정권안정론을 택할 확률이 0.8 수준까지 올라선다.

정치연구총서 07

정치연구총서 07

5장
촛불 민주주의 조기종영이 남긴 교훈

*

짧은 민주주의의 역사 속에서 대통령 탄핵이라는 초유의 사태 속에서 등장한 문재인 정부는 불과 5년 만에 막을 내리게 되었다. 돌이켜 보면 문재인 정부는 취임 초부터 '촛불정부'를 표방하며, 촛불혁명의 정신과 촛불시민들의 기대를 실현하기 위해 일관된 노력을 했다. 문재인 정부가 내세운 100대 국정과제는 촛불과 탄핵 과정에서 도출된 소위 '적폐청산'과 '사회대개혁' 과제들로 집약되었으며, 임기 초부터 과감하게 추진한 개헌을 통해 '혁명정부'다운 변화를 실현하고자 했다. 이러한 구상이 제대로 실현되지 못하고, 심지어 180석이라는 압도적인 다수 의석까지 획득한 촛불정부가 불과 2년 만에 정권교체의 대상으로 전락했다. 2017년 5월 대통령 취임시점에는 누구도 이 정권이 5년 만에 막을 내릴 것이라고 생각하지 못했을 것이다.

어떻게 이러한 일이 가능했나? 이 책은 촛불과 탄핵을 요구했던 시민들의 참여와 지지 속에서 탄생한 "촛불정부"가 왜 5년 만에 "정권교체"를 당했는가라는 질문에 대한 하나의 답을 제안하고자 한다. 2022년 5월 대선에서의 윤석열 후보의 당선과 국민의힘으로의 정권교체(2021년 서울, 부산 보궐선거는 그 예고편이었다)는 예상치 못했던 돌발적 현상이 아니라 예고된 결과였다고 주장한다. 물론 적지 않는 연구와 분석들이 문재인 정부의 실패와 정권교체의 원인을 다양한 각도에서 진단해왔다. 그러나 대체로 지지층이 이탈하게 된 이슈나 정책실패 등의 문제점들이 지적되었지만, 정작 그러한 실패를 가져온 대통령과 집권세력의 문제가 무엇이었는지는 충분히 논의되지 못해왔다.

민심과 멀어진 촛불, 정권심판 역풍 불렀다

필자는 대통령과 더불어민주당이 가졌던 촛불에 대한 이해와 촛불정부 스스로 정의한 집권세력의 민심에 대한 거대한 오해가 5년 만의 정권교체를 설명할 출발점이라고 판단했다. 첫 번째 오해는 지난 5년간의 문재인 대통령과 더불어민주당 정권 시기를 돌이켜 보면, 오히려 "촛불"을 "혁명"으로 규정하고 문재인 정부를 "촛불정부"로 자기 규정한 것이다. 촛불에 참여했던 시민들, 나아가 촛불이 대변하고자 했던 다수의 시민들은 국정농단 사건에 대한 검찰수사를 거부하며 저항하는 대통령을 어떻게 문책할 것인가를 두고, 제도정치가 갈팡질팡하고 해법을 만들어내지 못할 때 '대통령 탄핵'이라는 해법을 제시했다. 촛불은 제도의 불신에서 출발해 광장의 정치로 나섰지만, 촛불참여는 대의제도 자체나 기존의 헌정질서의 전복과 대체를 목표로 한 명실상부한 '혁명'은 아니었다. 박근혜 대통령에게 국정농단의 책임을 묻고 새로운 정부의 구성을 이끌 제도의 정상화가 목표였던 셈이다. 그런 점에서 촛불은 혁명이라기보다는 호헌운동에 가까웠다. 국회에서의 탄핵가결에 성공하고, 특검과 검찰이 본격적으로 나서자 제도에 대한 신뢰들이 돌아오기 시작했다. 헌재에서 탄핵이 가결되고 나서는 시민들은 온전히 선거와 제도 정치로 관심을 이전할 수 있었다. 문재인 대통령과 더불어민주당은 시민들의 압도적인 지지로 집권에 성공했다. 촛불민심은 촛불 초기 혼란을 넘어 국회탄핵가결, 헌재의 탄핵인용 결정과정을 이끌었던 더불어민주당과 문재인 후보 지지로 이전이 되었다.

그러나 문재인 정부와 더불어민주당은 집권하자마자 "촛불혁명 완수"의 이름으로 "적폐청산"과 "사회대개혁"의 과제를 개헌안에 담아내고자 했다. 과거의 개헌안이 주로 권력구조개편에 초점을 맞추었다면, 문재인 정부가 구상한 촛불개헌은 '촛불혁명'의 제도화를 위한 헌법전문의 수정, 제헌헌법에 준하는 광범위한 개헌 의제(분권과 협치, 직접민주주의 확대, 국민참여 개헌방안, 사회적 경제와 토지공개념 도입)를 대통령 발의안에 담았고, 2018년 지방선거와 함께 국민투표를 진행하자고 제안했다. 그러나 대통령 탄핵의 목소리로 하나되었던 촛불시민들은 개헌이 필요하며 가급적 지방선거 전에 추진하자는 대통령 안에 다수가 동의했지만, 정작 개헌안 내용에는 인식이 엇갈렸다. 상당한 공감대가 형성된 의제도 있었지만, 대통령 발의안 내용에는 여론의 반대에 직면할 내용도 다수 담겼다. 또한 현행 헌법체계에서 개헌을 위해서는 시민들의 동의뿐 아니라 여야 간 협의와 동의과정이 필수다. 개헌의 성공을 위해서는 야당의 협조와 동의를 끌어내기 위한 노력이 필요했지만, 야당의 반대에 대해 "감히 촛불혁명 대통령에 불복하느냐?"라는 식의 대응으로 결국 제대로 된 심의도 하지 않았다.

"부패한 것들, 세상이 바뀐 대로 갚아주겠다" 라는 검찰개혁, 선거 승리 직후 역풍

개헌 실패 이후 촛불정부는 본격적으로 "적폐청산/검찰개혁" 의제 중심으로 국정을 운영하고자 했다. 필자는 시민들이 생각하는 프라이밍 전략의제의 우선순위에 부합하는 의제별 우선순위를 유지하고, 시민들이 정부와 나의 우선순위가 일치한다는 판단이 정부와 정당과의 소통감을 유지시켜 정치적 지지를 유지하는 데 중요하다는 가설을 제시했다. 실제로 본인의 우선순위 응답과 정부가 해당 의제에 어떠한 우선순위를 부여하고 있다고 보고 있는지 그 인식 격차가 클수록 정권심판론을 선택할 확률이 커지고, 반대로 그 격차가 적을수록 선거에서 정권안정론/지원론을 선택할 확률이 크다는 것을 실증적으로 확인했다. 촛불 이후 문재인 정부 초기 조사 결과들을 통해 시민들은 촛불시기에는 내동령 탄핵과 대통령 선거에서 적폐청산과 검찰개혁 이슈의 중요성을 높게 평가했지만, 문재인 정부 시기에 들어오면서 적폐청산/검찰개혁이나 문재인 정부가 임기 초에 중시한 남북관계 의제보다 주로 민생/경제 관련 의제를 최우선 과제로 생각하는 경향이 확인되었다.

그렇다면 문재인 정부는 국정의 우선순위를 시민들이 생각하는 우선순위에 매칭시키는 것이 중요했다. 그러나 문재인 정부는 이러한 의제의 불일치로 지지율이 하락하는 상황에서도 남북정상회담 의제를 일관되게 고수했고, 2020년 총선 이후에는 본격적으로 '적폐청산', '검찰개혁' 의제를 부각하면서 시민들이 우선하는 민생/경제의제로부터 멀어졌다. 선거 민심은 대통령과 더불어민주당의 성과에 대한 포상의 의미였고, 촛불과 탄핵과정을 거치면서 심화된 사회갈등을 치유하며 안정적이고 통합적인 국정운영을 해달라는 주문이었다. 그러나 대통령과 여당은 선거 승리를 "촛불혁명 완수=적폐청산=검찰개혁"을 동일시하며 "적폐청산" 개혁을 밀어붙이며 선거법 개정/공수처 신설 등 여야 간 합의가 중요한 의제도 패스트트랙을 활용해 일방주의적으로 밀어붙였다. 국정과제 우선순위의 갭은 선거에서 정부여당에 대한 태도에 실질적 영향을 미칠 수 있다는 가설을 로지스틱 회귀 분석을 통해 확인할 수 있었다.

특히 그 과정에서 윤석열 검찰총장에 대한 징계와 직무정지를 강제하는 과정에서 절차적 무리수가 따르면서 촛불국면에서도 제도의 무력화가 아닌 제도의 정상화와 복원을 중시했던 촛불시민들에게 검찰개혁은 촛불혁명의 완성이기 때문에 정당화되지 못하고, 적폐청산과 검찰개혁에 대한 전반적인 평가를 악화시켰다. 분석결과는 생각하는 우선순위와 정부여당의 우선순위가 일치(매칭)된다고 인식할수록 정부여당에 우호적인 태도를 강화시키고, 일치되지 않는다고 볼수록 정부여당에 대한 부정적인 태도를 강화시키는 것으로 나타났다. 특히 이슈에 따라 방향도 영향을 미쳤는데, 민생경제 의제가 불일치하더라도 시민들이 생각하는 것보다 정부여당이 더 중요하게 생각하는 과잉대응은 오히려 정권안정론을 강화시키는 요인이었다. 적폐청산/검찰개혁 의제처럼 이념갈등이 심각한 의제의 경우 과소 불일치와 과잉대응 불일치 모두 정권심판론을 강화시키는 것으로 나타났다. 이러한 경향은 2020년 총선에서 더불어민주당이 압도적 승리를 한 이후 더욱 그 괴리가 커졌다. 총선 승리를 문 대통령과 더불어민주당이 추진하는 적폐청산과 검찰개혁에 대한 민심의 압도적인 지지라고 생각한 대통령과 더불어민주당은 지방선거, 코로나19 대응 와중에 치러진 총선에서 압도적으로 승리했다.

문제는 이러한 압도적인 승리 직후부터 대통령 지지율은 하락하기 시작하고, 더불어민주당 우위의 유권자 연합에 균열이 생기기 시작했다. 선거 민심은 대통령과 더불어민주당의 성과에 대한 포상의 의미였고, 촛불과 탄핵과정을 거치면서 심화된 사회갈등을 치유하며 안정적이고 통합적인 국정운영을 해달라는 주문이었다. 다수 시민이 적폐청산을 우선하기보다는 민생과 경제 우선으로 의제설정을 기대했는데, 총선 승리 후 더욱 강한 개혁의 의지를 표명하고 심지어 여당의 비례정당 대표는 선거 직후 '윤석열 총장 퇴진'을 주장했다.[50] '정치적 보복'까지 운운하는 검찰개혁과 적폐청산을 우선하면서 특히 검찰개혁과정에서 절차적 정당성을 뛰어넘는 무리한 개혁의 추진은 지지층의 분열과 이탈로 이어졌다. 그 결과 선거 승리 다음 날부터 대통령 지지율과 더불어민주당의 지지율은 하락하기 시작해 촛불과정에서 탄생한 문재인 대통령과 더불어민주당은 '촛불혁명 완수'라는 사명감에 사로잡혀 광범위한 이탈민주층이 발생했다. 이는 촛불 5년 만에 정권교체가 이루어진 발단요인으로 작용했다.

50) "'총선민의' 앞세운 민주당, 연말까지 몰아친다"(내일신문 2020/07/31); "'180석' 민주당 · 시민당 윤석열 흔들까…"검찰수사 개입 의도 역풍" 우려도"(세계일보 2020/04/17); "'서초동 촛불, 윤석열 거취 묻는다'…與 180석 친조국 후폭풍 부나"(조선일보 2020/04/17); "〈사설〉총선 이튿날 '윤석열 퇴진, 국보법 폐지' 꺼낸 與 본색"(문화일보 20/04/17); "與비례당 대표, 총선 다음 날 '윤석열 당신의 거취 묻는다'"(조선일보 2020/04/17); "최강욱 선전포고 '부패한 것들, 세상이 바뀐 대로 갚아주겠다'"(중앙일보 2020/04/18); "민주당, 헌정 사상 첫 4번 연속 승리...주류 바뀐 한국 정치"(YTN 2020/04/18); "민주당 승자 3인의 다짐장 "여당 압승은 제대로 해보라는 당부""(한국일보 2020/04/18)

제도 중시한 촛불민심, 절차적 정당성 없는 개혁에 반발

촛불혁명의 완수를 위해 가시적인 검찰개혁을 추진해야 한다는 강박 관념으로 조국 법무부 장관과 추미애 법무부 장관 시기에 무리한 '윤석열 검찰 총장'에 대한 징계와 다수 의석을 압세운 야당패싱 패스트트랙의 남발이나 '검수완박'식의 일방적 법안 강행으로 검찰개혁에 대한 여론은 악화되었다. 무리한 검찰개혁 올인은 오히려 '정권심판론'을 점화시켰고, 윤석열 총장과 한동훈 차장 검사는 '정권심판론'의 대표주자로 부상했고, 결과 여론은 완전 뒤집어졌다.

다음 〈그림 58〉을 보면 검찰개혁의제가 부각된 시점의 한국일보 2021년 신년여론조사에서 윤 총장 징계사유로 조국 장관 일가에 대한 과잉수사에 대해 부인 정경심 교수 판결이나 윤 총장 징계 및 복귀에 대한 58%가 "조국 전 법무부 장관 부인 정경심 교수 1심 4년 선고"에 대해 "잘된 일이다"며 긍정 평가했다. "추미애 법무부 장관이 윤석열 검찰총장 징계를 추진한 것"에 대해서는 "잘된 일이다" 41%, "잘못된 일이다" 52%로 부정평가가 많았다. 한편 "윤석열 검찰총장 복귀"에 대해선 "잘된 일이다" 52%, "잘못된 일이다" 41%로 정부와 추미애 장관의 징계 추진에 비판적 여론이 다수였고, 윤석열 총장을 감싸는 여론이 다수였다. 야당의 반발에 대해 "감히 촛불 대통령에 불복한다고?" 반응하면서 야당의 견제나 반대 자체를 무시하는 태도는 통합과 협치를 기대한 여론과는 거리가 있는 모습이었다.[51] 여론의 지지에 힘입어 윤 총장은 일약 야당의 유력 대통령 후보로 부상했고, 본선에서도 승리해서 결국 대통령에 당선되었다.

〈그림 58〉 추–윤 갈등기 검찰갈등 관련 이슈에 관한 여론조사 결과 (%)

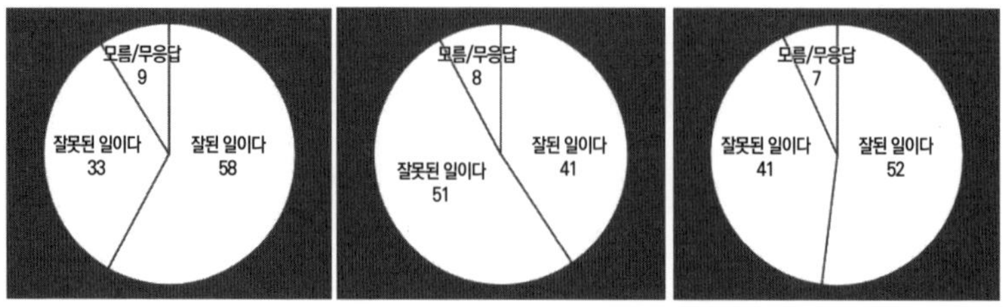

자료:한국일보 · 한국리서치 〈2021 신년여론조사〉 (2020. 12)

51) "'제왕적 패권주의' vs '적폐 세력 그대로'…촛불 2년 쫙 갈린 정치권"(2018/10/30); "이해찬 "탄핵 당한 세력이 어디 감히…촛불혁명 대통령 불복하다니""(서울신문 2019/02/01)

아무리 촛불혁명을 정당화의 근거로 삼더라도 절차적 정당성을 확보하지 못하고, 다수 여론의 지지받지 못하는 개혁은 지지받을 수 없었다. 윤석열 대통령은 검찰총장 시절 받은 '정직 2개월'의 징계 처분을 취소해달라며 낸 소송에서 1심 판결을 뒤집고 승소했다. 2심 법원은 추미애 전 법무부 장관이 '징계를 요구'하는 청구권자인데도 '징계 여부'를 결정하는 직무에 관여한 것이 헌법과 검사징계법의 취지를 위반했다고 보았다. 1심과 정반대 판단인데, 이 법리대로라면 법무부 장관이 소속 외 청장인 검찰총장에 대한 징계를 제대로 집행하기 힘들다는 뜻으로 해석될 수 있어 논란이 예상되는 상황이 된 셈이다.[52] 촛불민심만 하더라도 탈제도적 운동이 아닌 제도의 정상화, 복원 운동이었다는 점을 고려하면 제도적, 절차적 결합이 있는 검찰개혁이나 통합을 깨는 일방적인 정치개혁을 촛불민심이 수용할 리 없었다. 그 결과 촛불민심만을 생각했다는 촛불대통령과 촛불혁명의 계승정당을 표방한 180석의 거대 여당은 2년 만에 정권심판의 대상으로 전락되었다.

다음 〈그림 59〉의 당시 NBS 정기조사 결과를 보면 문재인 정부가 주도한 "적폐청산/검찰개혁"에 대한 여론의 역풍이 얼마나 강했는지 잘 보여준다. 촛불혁명 완수를 위한 핵심 과제였다면 최소한 여론의 평가는 완전히 실패로 끝났다고 할 수 있다. "검찰개혁이 '검찰 길들이기'로 변질되었다"라는 부정적인 평가가

52) "'윤석열 검찰총장' 징계절차 위법…1심과 달리 '사유'는 판단 안 해"(한겨레 2023/12/19)

52%~55%로 안정적으로 과반을 넘었다. 〈그림 60〉에 의하면 '검찰개혁'의 핵심 과제로 내세운 ' 공수처법' 통과에 대해서도 '잘못된 일이다'는 부정적인 응답이 43% '잘한 일'이라는 긍정적 평가 39%를 넘어섰고, '모르겠다'라는 응답도 18%나 되었다. 당시 검찰개혁의 취지와 효과에 대해 시민들의 공감대를 형성하는 데 실패했음을 보여주는 결과다.

〈그림 59〉 NBS조사에서의 '검찰개혁'에 대한 여론

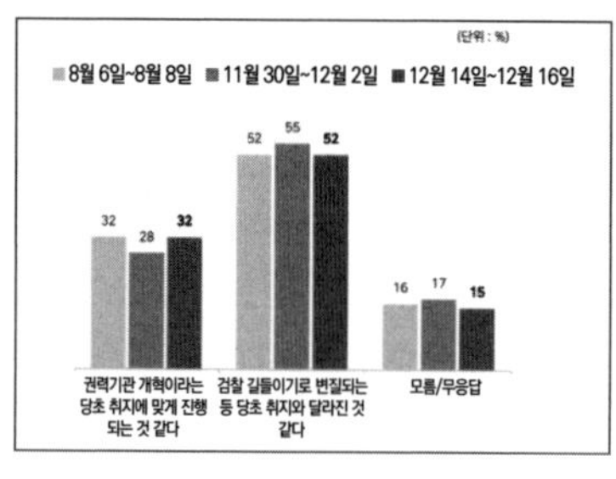

〈그림 60〉 공수처법 통과에 대한 여론

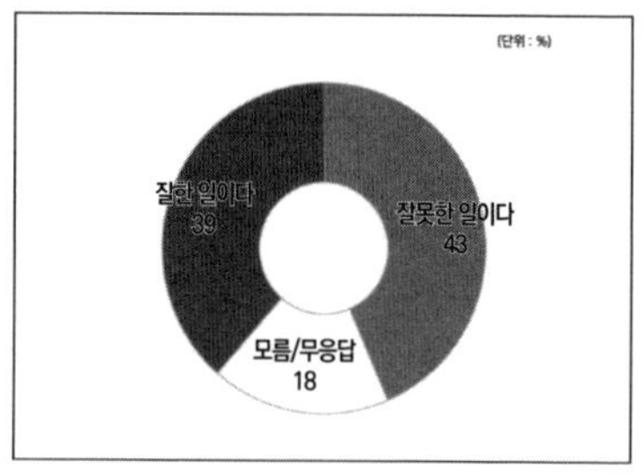

자료: NBS 조사 (2020. 12. 14~16)

시민들의 공감대를 얻지 못한 개혁이 정부여당의 지지기반 강화에 도움이 될 리 만무하다. 오히려 지지층 균열과 지지철회 요인으로 작동했음을 시사하는 결과다. 촛불의 성격과 이후 한국 정치사회에 미친 영향에 대한 논의는 많지만, 정작 데이터들에 기반한 복기는 찾아보기 힘들다. 촛불 이후 5년은 민심과 동떨어진 정부의 정체성 설정과 자의적이고 일방적인 국정운영이, 얼마나 단기간에 큰 민심이반을 불러올 수 있는지 귀중한 교훈을 던져준다. 이 책은

촛불 이후 문재인 정부 5년의 여론 변화를 복기하지만, 그 교훈은 비단 문재인 정부와 더불어민주당에 한정되지 않는다. 정권교체에 성공한 윤석열 대통령과 국민의힘 정부 시기에도 바로 적용할 수 있는 반면교사의 교훈이 될 것이라고 생각한다. 당장 2022년 초박빙 대선 승리 이후 불과 3개월 만에 치러진 지방선거에서 압승을 거둔 윤석열 정부와 국민의힘 정권은 2년 지나 치른 2024년 총선에서 정권심판론의 대상으로 전락했다. 이는 윤석열 대통령과 국민의힘 정부 역시 민심을 자의적으로 해석하고, 선거 승리의 의미를 아전인수로 해석하면서 점차 민심과 멀어짐으로써 문재인 정부가 2년 만에 정권교체의 대상으로 전락한 과정과 일맥상통한 전철을 밟은 것으로 볼 수 있다. 한국의 정치세력이 민심과 여론에 대한 이해력이 여야 할 것 없이 여전히 초보적이며 무지하다는 것을 보여주는 대목이다. 이 책이 한국사람들이 생각하는 민주주의의 방향과 원칙, 다수의 지지를 확보하기 위한 국정 방향 수립과정에서 염두에 두어야 할 특성에 대해 한 발 더 나아간 이해를 확산하는 데 도움이 되길 기대해본다.

참고문헌

국내 문헌

강우진. 2019. “2016-2017 촛불 항쟁을 둘러싼 쟁점에 대한 분석.” 김희민 편. 『한국 보수정부의 부침』 서울: 박영사. 109-134.

강우창 · 정한울. 2019. “부패 스캔들과 한국 유권자의 선택.” 김희민 편. 『한국 보수정부의 부침』 서울: 박영사. 135-158.

강원택. 2017. “제19대 대통령선거에서의 보수 정치: 몰락 혹은 분화?” 강원택 편. 『변화하는 한국유권자⑥: 촛불집회, 탄핵 정국과 19대 대통령 선거』 서울: 동아시아연구원. 15-48.

강원택. 2022. “대통령 선거에서의 이슈: 문재인 정부 부동산 정책 평가를 중심으로” 강원택 편. 『변화하는 한국유권자⑦ 2022 대통령 선거와 한국정치: 정권심판론 · 세대갈등 · 사회양극화』 서울: 동아시아연구원. 137-163.

______. 2020. 『한국의 선거정치 2010-2020: 천안함 사건에서 코로나 사태까지』 서울: 푸른길.

김남희. 2018. “대통령 발의 헌법 개정안에 담긴 사회권의 의미와 한계.” 『사회보장법학』 제7권 1호. 71-100.

김선택. 2021. “민주적 개헌논의의 헌법적 조건” 『헌법학연구』 제27권 3호. 277-327.

______. 2012. “헌법개정과 국민참여: 국민의 영혼으로 통하는 창, 어떻게 열 것인가.” 『공법연구』 제41권 2호. 125-154.

김선혁 · 정한울 · 정원칠. 2008. “민주화 이후 항의의 정치: 전개양상과 개선방향” 「2008 집회시위를 통해 본 시민사회 프로젝트 보고서」. 동아시아연구원. 1-38.

김윤철. 2018. “2016-2017년 촛불집회의 역사적 맥락과 ‘마지노선 민주주의’” 『21세기정치학회보』 제28권 1호. 1-17.

김종철. 2018a. “권력구조 및 사법개혁과 관련된 헌법개정안 검토: ‘대통령 4년 1차연임제 개헌안’의 내용과 특징을 중심으로”. 『공법연구』 제46권 4호. 29-64.
_____. 2018b. “헌법전문과 6월항쟁의 헌법적 의미: 민주공화국 원리를 중심으로” 『헌법학연구』 제24권 2호. 211-234.
김현정. 2018. “국회의원 국민소환제와 민주주의 실질화.” 『저스티스』 제167권. 5-52.
문지영. 2019. “‘자유민주적 기본질서’와 한국의 헌법 이념: 헌법전문 개정의 쟁점을 중심으로” 『인간 · 환경 · 미래』 제23호. 93-124.
박경철. 2018. “문재인 대통령발의 헌법개정안에 대한 헌법적 검토: 국가권력의 분배와 행사의 측면에서” 『법학연구』 제57권. 27-28.
박종민. 1994. “한국에서의 비선거적 정치참여.” 『한국정치학회보』 제28집 1호. 163-82.
_____. 2003. “사회자본과 민주주의: 집단가입, 사회신뢰 및 민주적 시민성을 중심으로.” 『정부학연구』 제9권 1호. 120-51.
손호철. 2017. “6월항쟁과 11월 촛불혁명: 반복과 차이” 『현대정치연구』 제10권 2호. 77-96.
송기춘. 2018. “2018년 대통령 발의 헌법개정안에 대한 평가: 전문 · 총강 · 기본권 조항을 중심으로.” 『공법연구』 제47집 1호. 1-35.
송경재. 2011. “소셜 네트워크 세대의 정치참여.” 『한국과 국제정치』 제27권 2호. 57-88.
유태건. 2011. “정치효능감과 정치참여의 유형별 관계” 『21세기정치학회보』 제21권 3호. 383-416.
윤수정. 2018. “헌법개정과 사회적 기본권.” 『법학연구』 제29권 3호. 117-149.
이내영 · 정한울. 2010. “2020 지방선거 주요 아젠다와 국민여론.” 「EAI 여론브리핑」 제74호. 1-20.
이윤경. 2019. “불평등의 정치 의제화와 2016-2017년 촛불 운동” 김희민 편. 『한국 보수정부의 부침』 109-134. 서울: 박영사. 83-108.
이윤환. 2021. “헌법개정의 필요성과 권력구조 개편방향.” 『법학연구』 제21권 1호. 243-272.
이재묵. 2018. “민주주의 질적 심화와 개헌의 방향: 경성헌법주의를 넘어서.” 『현재정치연구』 2018. 제11권 1호. 73-103.
이지호 · 이현우 · 서복경. 2017. 『탄핵 광장의 안과 밖: 촛불민심 경험분석』 서울: 책담.
임일영. 2022. “[마감 후] 대통령의 사과.” (서울신문 2022/01/10).
장승진 · 하상응. 2022. “한국 유권자의 정당일체감: 사회적 정체성인가, 정치적 이해관계인가” 『한국정치학회보』 제56집 2호. 37-58.
장영수. 2018a. “2018년 3월 26일 발의된 대통령 개헌안의 문제점: 권력구조를 중심으로” 『공법연구』 제46권 4호. 1-27.
_____. 2018b. “제10차 개헌의 의미와 방향: 분권과 협치” 『공법학연구』 제19권 2호. 67-97.

______. 2017. “국민참여개헌의 당위성과 방법론” 『안암법학』 제54호. 69–106.
______. 2012. “개헌을 통한 권력구조 개편의 기본방향: 분권형 대통령제의 가능성을 중심으로” 『법학연구』 제67호. 1–34.
전광석. 2021. “헌법기능과 기본권 질서, 헌법개정의 방향.” 『헌법학연구』 제27권 3호. 329–376
정상호. 2018. “촛불혁명과 문재인 정부의 민주주의 패러다임” 「KDI 국가미래비전 설정을 위한 국제컨퍼런스」 발표문(https://eiec.kdi.re.kr/publish/archView.do?seq=91&dtl_seq=8).
정한울. 2023. “유권자 지형과 총선전망” 「더불어민주당 국회의원 워크숍」 발표자료(2023. 8. 28).
______. 2022a. “5년 만의 정권교체와 탄핵정치연합의 해체요인 분석.” 『동향과 전망』 통권 115호. 244–295.
______. 2022b. “왜 180석 거대 여당은 2년 만에 심판 받았나: 이탈민주의 선택을 중심으로” 강원택 편. 『변화하는 한국유권자⑦ 2022 대통령 선거와 한국정치: 정권심판론 · 세대갈등 · 사회양극화』 서울: 동아시아연구원. 137–163.
______. 2021. “4.7 재보궐선거 판세: 단일화 변수와 더불어민주당의 약점: 서울, 여론 조사에서 동률이면 실제 투표에선 야권이 우세하다.” 「담담한 선거연구①」 1–17.
______. 2020a. “여야심판론의 관점에서 본 21대 총선과 보수 혁신의 딜레마.” 「EAI 워킹페이퍼 시리즈」. 1–20.
______. 2020b. “총선을 통해 본 여론지형과 향후 향배” 「더불어민주당 국회의원 워크숍」 발표자료(2020. 5. 27).
정한울. 2007. “경제는 어떻게 투표에 영향을 미치나?” 「EAI 여론브리핑」 19–5호. 1–18.
정한울 · 강우창. 2017. “콘크리트 보수의 균열: 스윙 보수층의 등장 원인과 결과.” 강원택 편. 『변화하는 한국유권자⑥: 촛불집회, 탄핵 정국과 19대 대통령 선거』 서울: 동아시아연구원. 75–108.
정한울 · 송경재 · 허석재. 2019. 『사회적 갈등의 경로 분석과 사전 예방에 관한 연구』. 행정안전부 용역보고서.
정한울 · 이곤수. 2013. “정치효능감과 정치신뢰의 조합이 정치참여에 미치는 영향.” 『의정연구』제19권 1호. 212–44.
차진아. 2018a “시민의 입법참여와 헌법: 국민발안제 도입논의를 중심으로.”
______. 2018b. “사회국가의 실현구조와 토지공개념의 헌법상 의미.” 『공법학연구』 제19권 1호. 3–41.
청와대. 2022. 『문재인정부 국정백서: 개혁1_제14권 겸손한 권력, 완전한 민주주의 국가로 도약』. 대한민국정책브리핑(https://www.korea.kr/archive/expDocView.do?docId=39964)

최장집. 2018. “개헌문제와 민주주의의 규범: 대통령의 개헌발의를 중심으로.” 『한국정치연구』 제27권 2호. 1–27.
허석재. 2018. “개헌 관련 여론조사 분석” 「NARS 입법 · 정책보고서」 제1호. 1–91.
_____. 2015. “소득불평등과 정치참여의 양식.” 『정당학회보』 제14권 3호. 41–67.

외국 문헌

APSA Task Force on Inequality and American Democracy. 2004. *American Democracy in an Age of Rising Inequality*. American Political Science Association. 1-24.
Cho, Yong-Ho and Injeong Hwang. 2020. “Who defends democracy and why? Explaining the participation in the 2016–2017 candlelight protest in South Korea.” *Democratization* 28: 3. 625-644.
Dalton, Russell J. 1996. *Citizen Politics: Public Opinion and Political Parties in Advanced Industrial Democracies*. Second Edition. Chatham, New Jersey: Chatham House Publishers.
Erikson, Robert S. and Kent L. Tedin. 2005. *American Public Opinion: Its Origins, Content, and Impact*. 7th Edition. New York: Pearson Education.
Goldstone, Jack A. *Revolutions: A Very Short Introduction*. Oxford: Oxford Universtity Press.
Grinin, Leonid, Anton Grinin and Andrey Korotayev. “20 Century Revolutions: Charactgeristics, Types, and Waves.” *Humanities and Social Science Communications* 9: 124. 1-13.
Hawley, George and Inaki Sagarzazu. 2012. “Where Did the Votes go? Reassessing American Party Realignment via Vote Transfers between Major Parties from 1860 to 2008.” *Electoral Studies* 31, 726-739.
Judith S. Kullberg and William Zimmerman. 1999. “Liberal Elites, Socialist Masses, and Problems of Russian Democracy.” *World Politics* 51:3. 323-358.
Kang, Woo Chang and Han-Wool Jeong, 2019. “The Corruption Scandal and Vote Switching in South Korea’s 19th Presidential Election.” *Korea Journal* 59:1. 79-105.
Korea Democracy Foundation(민주화운동기념사업회). 2018. *White paper: Candle*

light Civil Revolution: The Great Journey of the South Korean Democracy.
Norris, Pippa. 2002. *Democratic Phoenix: Reinventing Political Activism*. Cambridge: Cambridge University Press.
Norpoth, Helmut, and Jerrold G. Rusk. 2007. "Electoral Myth and Reality: Realignments in American Politics." *Electoral Studies* 26, 2: 392-403.
Schlozman, Kay Lehman. 2002. "Citizen Participation in America: What Do We Know? Why Do We Care?" Ira Katzelson ed. *Political Science: The State of the Discipline*. New York: W.W.Norton & Company.
Schlozman, Kay L., Sidney Verba, and Henry E. Brady. 2012. *The Unheavenly Chorus: Unequal Political Voice and the Broken Promise of American Democracy*. Princeton University Press
Verba, Sidney, Kay Lehman Schlozman, and Henry E. Brady. 1995. *Voice and Equality: Civic Voluntarism in American Politics*. Massachusetts, Cambridge: Harvard University Press.
Putnam, Robert D. 1995. "Turning In, Turning Out The Strange Disappearances of Social Capital in America." *Political Science and Politics*. 28. 4. 664-83.
Riker, William H. and Peter C. Ordeschook. 1968. "A Theory of the Calculus of Voting." *American Political Science Review* 62. 25-42.

정치연구총서 07

이 저서는 2017년 대한민국 교육부와 한국연구재단의
한국사회과학연구(NRF-2017S1A3A2066657)의 지원을 받아 수행한 연구임.

정치연구총서 07

5년 만에 막 내린 촛불 민주주의
원인과 교훈

제1판 1쇄 2024년 2월 28일

지은이 정한울
펴낸이 장세린
편집 배성분, 박을진
디자인 장세영

펴낸곳 (주)버니온더문
등록 2019년 10월 4일(제2020-000051호)
주소 서울특별시 용산구 청파로93길 47
홈페이지 http://bunnyonthemoon.kr
SNS https://www.instagram.com/bunny201910/
전화 010-3747-0594 팩스 050-5091-0594
이메일 bunny201910@gmail.com

ISBN 979-11-93671-04-7 (94340)
ISBN 979-11-980477-3-1 (세트)